老子绎读

任继愈 著

道　说得出的　它就不是永恒的道

名　叫得出的　它就不是永恒的名

无名　是天地的原始

有名　是万物的根本

國家圖書館出版社

图书在版编目（CIP）数据

老子绎读 / 任继愈著. —北京:国家图书馆出版社, 2015.4
（2020.7 重印）
　ISBN 978-7-5013-5569-3

　Ⅰ.①老… Ⅱ.①任… Ⅲ.①道家②《道德经》—译文
Ⅳ.①B223.14

　中国版本图书馆 CIP 数据核字（2015）第 055048 号

书　　名　老子绎读（精装本）
著　　者　任继愈 著
责任编辑　贾贵荣　郭又陵
特邀责编　张忱石　孙　彦
重印责编　景　晶

出版发行　国家图书馆出版社（北京市西城区文津街7号　100034 ）
　　　　　（原书目文献出版社　北京图书馆出版社）
　　　　　010-66114536　63802249　nlcpress@nlc.cn（邮购）
网　　址　http://www.nlcpress.com
经　　销　新华书店
印　　装　河北三河弘翰印务有限公司
版次印次　2015年4月第1版　2020年7月第6次印刷

开　　本　710×1000（毫米）　1/16
印　　张　18
字　　数　150千字
书　　号　ISBN 978-7-5013-5569-3
定　　价　55.00元

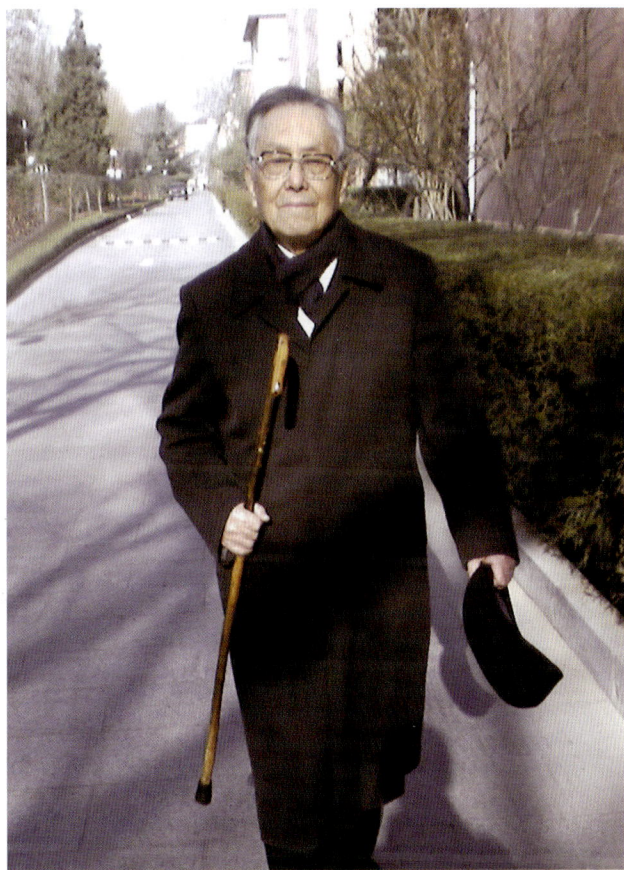

任继愈先生（1916—2009）

新版说明

任继愈先生是 20 世纪我国著名的哲学家、宗教学家和历史学家，其学贯中西，融汇古今，为人为学，举世同仰。时值任先生诞辰 99 周年，为缅怀先贤，传承文化，我社决定再次出版《老子绎读》一书。

任先生曾在 50 年间，四次翻译和注释《老子》，期间不断修订与完善，足见其治学之严谨、研究用力之深。本书是其最后一次译注的成果：以王弼本为底本，参以帛书本、竹简本校之，配以简明的释文、精炼的题解，寥寥数语，尽显大家风范。

2006 年，我社首次出版此书，距今已近 10 年。之后虽四次加印，均已销售一空。恰逢任先生之女任远教授翻译本书英文版时，发现原稿中存在一些遗留问题，本次出版对这些问题一一进行了修订，在此感谢任远教授对本次修订提供的帮助。

希望新版的《老子绎读》，能为《老子》研究者提供参考，更能为广大的初学者提供治学门径。

国家图书馆出版社

2015 年 4 月

前　言

研究老子的文献资料,全国解放后,长沙马王堆发现了帛书《老子》甲、乙本,湖北荆门发现了战国楚墓竹简《老子》,为研究提供了新的材料,可以解决过去某些争论的问题,如《老子》成书年代等。但影响中国文化的并不是帛书和竹简本《老子》,而是长期广泛流行的河上公本和王弼本。因此,本书的译文依据还是王弼本。

《道德经》是老子的代表作,是先秦诸子传统文化的主要经典之一。另一部经典是《论语》。这两部著作,影响了中国两千多年。老子、孔子的思想传播影响到全世界。这里只谈《道德经》。

关于老子这个人学术界有不同看法,(1)老子生卒年及活动范围。(2)老子的这部书是否老子所著。(3)《道德经》讲的是什么。

先谈老子其人。老子与孔子同时,略早。《史记》记载,孔子曾问礼于老聃。估计老聃比孔子大10～20岁,孔子比释迦牟尼大10岁。五四时期也有人根据思想内容推测,认为老子时代晚于孔子,还有人说老子比庄子还迟。也有人从世系上推算老子的八代孙,与孔子十二代孙同时,断定老子晚于孔子。

从思想内容来推算时代,有时会出现不同的结果,过硬的根据还是文献、实物。自从湖北荆门出土战国楚墓竹简《老子》,老子的时代已有了比较明朗的轮廓。我在四十多年前所提出的观点有了更有力的实证的支持。老子应是春秋时代的人。

老子对中华文化的贡献在哪些方面?

一

哲学上,提出"天道观"。这是春秋时代的热门话题。先秦诸子及其著作中,没有不讲到"天"的。春秋时代老子、孔子、墨子,到战国时代的庄子、荀子、韩非,都讲到"天"及天道。各家从不同的角度来提出问题和解释,得出不同的结论,创立了不同的学派。只有老子的《道德经》把"道"作为最高范畴,集中阐发,提高到中国哲学史的重要地位,老子是第一人。

老子的天道观,有以下特点:

"天"是无为的,自然的,没有意志。开始对天神上帝的崇高地位提出了怀疑。

"天道"是循环的。老子是周朝的史官,与古代天文、占星术有关,"大曰逝,逝曰远,远曰反"。从天象运行规律得到启发,天道在变化,不是静止的。

他提出这种思想有它的社会背景。当时周王朝对全国失去控制,失去政治中心(天下大乱),贵族世袭制度没落,出了富而不贵的新兴阶级。社会上下尊卑、贵贱的旧秩序遭到挑战,君臣、父子关系已打乱,新秩序尚未形成。对上帝不那么迷信了,上帝的崇高地位动摇了。这种变化影响到每一个成员,敏感的知识界学术界更有深切感受。

老子的《道德经》这部哲学著作讲了些什么?

哲学不同于其他科学,哲学不负责解决一个一个的局部具体问题。中国哲学的全局观点是从老子开始的,后来不断发展丰富,才有今天的哲学。

道——混沌的,是朴素的。

道——自然的,本来就存在。

道——构成万物的原始材料。

道——无形象,肉眼看不见,感官不可触摸。

道——事物的规律。人、物、自然、社会都离不开道。

"道"是老子第一次提出的新概念,表达起来有困难,它不好描述,它是"无名"、"朴"、"无象"、"无形"、"无状之状"、"无物之象"。

"道"是精神性的还是物质性的,老子本身没有深说。老子的认识已经是处在当时中国古代人类认识的最前沿。后人可以用现代人的认识来解释老子,代替老子作进一步的阐发。当年老子自己没讲清楚的问题,后代研究者注释者替老子讲得再清楚,也不能认为是老子的思想。

老子的哲学,使人从宗教、神学中初步摆脱出来,在当时是了不起的贡献。

二

老子另一个贡献是第一个提出了"无"的概念,这是中国哲学史第一座里程碑。这个问题,过去的研究者讲得不够,这里要多说几句。

人类认识外界的过程,总是由外向内,由具体到抽象。近半个世纪以来,儿童心理学专门研究儿童认识外界的过程及其发展轨迹。经过观察、实验、比较,得出大致可靠、比较接近儿童思维成长的实际状况。一个民族思维成长的过程,与儿童成长的过程、与儿童的心理发展的过程大体相似,至少可以从中得到相关的昭示。

儿童认识外部世界,总是先从身边周围的事物开始,由近及远。先认识母亲及其家人,然后扩大到身外的食物、玩具,再扩大到鸟兽、草木、鱼虫等目力所及更大的范围。如高山、大河、天空、气象、风雷等外界虽在视听范围之内,并不能引起儿童足够的关注。日月星辰先被认识,日月星辰所依附着更大的"太空",则较迟才会引起注意。朱熹(中国宋代的大哲学家)两三岁时,他父亲抱着他指天空说"天"!朱熹问其父:"天之上有何物?"这被视作特异儿童的表现,所以古人对这种事特别记上一笔。古今中外千千万万儿童,很少关心"天之上有何物"的。

近代中外儿童教育家还发现,小学生春游虽然喜欢爬山涉水,但不懂得欣赏山水风景,不关心朝晖夕照之美。人类认识过程总是由具体事物开始,由微细到宏大。儿童学习数字计算,先计算一个一个的实物,然后形成"1、2……"数的概念。先认识自然的实数。据中外数学史上的记载,"零"的概念形成较迟。因为"零"没有形象,也找不到与"零"相当的实体对象可供对照。

我们回顾中华民族的认识史,与儿童的认识成长过程居然有惊人的相似之处。

人类认识从有形开始,由具体到抽象,才形成了"有"的概念,西方谓之"存在"。"存在"的原始意义本来是"在这里",是给你看得见的东西,是具体的有。"有"有大小、形象、颜色等,"有"有软硬、轻重、香臭等性质,"有"能得到也可能失去,各种"有"都可见闻、可感知,可推得结果,这都属于人类认识的幼年期。

人类生活实践、社会实践的不断深化,从"有"认识到"有"的对立面"没有"。"没有"是生活中经常遇到的现实。原始人打猎捕鱼,可能"有",也可能"没有",两者出现的频率都很高,把"没有"抽象到概念的高度,作为认识的客体对待,达到这个认识水平,只有具有先进文化的民族,才有这种可能。"没有"在未曾上升到概念时,只是一次性的客观描述,人类千百万年早已重复了无数次。老子提出了"无",是一次飞跃。

"无"这个概念具有"有"所不具备的"实际存在",总称为"无"。"无"并非空无一物,它与"有"都具有总括万有的品格。老子称之为"无状之状,无物之象"。它不同于"有",所以"视之不可见,听之不可闻,搏之不可得,此三者不可致诘,故混而为一"。对这个"负概念"给以特殊的名称,有时称之为"无";因为它具有规律性,也称为"道"。"无"也是"道","道"也是"无"。

老子的"无"不是停留在描述性的"没有"的阶段,"无"并不是存在消极面的,而有它实际多样性肯定的涵义,有现实作用,有可以预测的后果,在日常生活、政治生活中一刻也离不开它。"无"的发现,为人类认识史上开了新生面,非同寻常。楚墓竹简书写的"无",同一部竹简上,前部简作"亡",后部简作"无"。这个书写的改变,并非偶然。因为"亡"涵义为"没有",后起的"无"字,则表示哲学抽象概念的出现。

《老子》一书,经过历代传人的补充完善,它从各个方面提醒人们重视"无"的地位和作用。不但要认识"无",而且从"无"的原则来指导政治生活、日常生活及社会生活。

把"无"的原则用到政治生活,概括为治国原则:

"取天下常以无事"。

"我无为而民自化,我好静而民自正,我无事而民自富,我无欲而民自朴"。

"为无为,事无事,味无味"。

"圣人处无为之事,行不言之教"。

"道常无为"。

"吾是以知无为之有益"。

"不言之教,无为之益,天下希及之"。

日常生活认识"无"的功用：

"三十辐共一毂，当其无，有车之用。埏埴以为器，当其无，有器之用。凿户牖以为室，当其无，有室之用。故有之以为利，无之以为用。""善行无辙迹；善言无瑕谪；善数不用筹策；善闭，无关楗而不可开；善结，无绳约而不可解"。

政治生活也离不开"无"的指导：

"生而不有，为而不恃，长而不宰"。

"爱民治国，能无知乎"；"明白四达，能无为乎"？

老子由"无"衍生出一系列否定概念的积极涵义：

"绝圣弃智，民利百倍；绝仁弃义，民复孝慈；绝巧弃利，盗贼无有"，"见素抱朴，少私寡欲"。

处理人际关系，要遵循"无"的原则，以退让、收敛为原则：

"不自见，故明；不自是，故彰；不自伐，故有功；不自矜，故长"。"夫唯不争，故天下莫能与之争"。

老子思想深刻可贵处在于从纷乱多样的现象中概括出"无"这一负概念，把负概念给予积极肯定的内容。老子的"无为"，不是一无所为，而是用"无"的原则去"为"。所以能做到有若无，实若虚，以退为进，以守为攻，以屈为伸，以弱为强，以不争为争，从而丰富了中国古代辩证法思想，建立了中国古代贵柔的辩证法体系，与儒家《易传》尚刚健为体的辩证法体系并列。儒道两家这两大体系优势互补，和而不同，丰富了中华民族辩证法文化宝库。

人类认识总是从旧的认识的基础上提出新见解。新见解对旧知识来说是进步。还应指出，死守此新见解不变，往往妨碍更新见解的出现。《荀子·天论》指出"老子有见于屈，无见于伸"。老子发现了"无"的价值，把它提高到应有的地位，是老子的贡献。如果把"无"的作用无限夸大，超过极限会走向荒谬。比如老子指出建房屋供人使用的地方是墙壁中间的空虚部分，房屋的实用价值在于它的空间部分。如果把墙壁、梁柱、砖、木看成无足轻重，毫无使用价值，这所屋子就建不成，成了无墙无柱的一片开阔地，房子也就不存在了。

总之，老子发现、提出了"无"是一大贡献，功不可没。他的贵无，是肯定生活而不是消极避世，不是怀疑论。战国末期，出现了黄老学派，讲治道，重刑名，在战国后期民生凋敝的时期，起了安定社会恢复生产的效用，形成黄老无为思想，汉初实行了几十年，"文景之治"，古称盛世。无为思想对恢复生产，安定社会，医治战争创伤，效益至为明显。黄老派不同于老子，讲无为之外同时讲刑名，刑名之学是法家思想。司马迁把老子与法家并列，撰写老子与韩非同传，遭到后人的批评，认为分类不当，但也事出有因，二者确有内在的联系。

三

"人之生也柔弱，其死也坚强。万物草木之生也柔脆，其死也枯槁。故坚强者死之徒,柔弱者生之徒。是以兵强则灭,木强则折,强大处下,柔弱处上。"

"上善若水,水善利万物而不争。处众人之所恶,故几于道。居善地,心善渊,言善信,与善仁,正善治,事善能,动善时。夫唯不争,故无尤。"老子认为水最接近"道"。他列举生活中与水的品格相近或相似的多种现象作比喻。

居住要像水那样安于卑下;存心要像水那样深沉;交友要像水那样相亲;说话要像水那样真诚;为政要像水那样有条有理;办事要像水那样无所不能;行为要像水那样待机而动。正因为他能像水那样与物无争,才不犯过失。

水向人们启示柔弱胜刚强的道理:"天下莫柔弱于水,而攻坚强者莫之能胜。其无以易之。弱之胜强,柔之胜刚,天下莫不知,莫能行。是以圣人云:受国之垢,是谓社稷主。受国不祥,是谓天下王。正言若反。"

天下没有比水更柔弱的东西。而攻击坚强的力量没有能胜过它的,因为它的力量无可取代。弱之所以能胜强,柔之所以能胜刚,天下没有人不懂,就是没有人能照着做。因此,圣人说承受全国的误解,才算得上国家的主宰;承担全国的灾殃,才能担当国家的君王,正话像是反话。

道的功能表现在柔弱,其运行规律是向反的方向运动,贵柔弱的辩证法是弱势群体的辩证哲学。

老子贵柔原则指导用兵,则后发制人;用于作战,则以逸待劳;

对强大敌人,则避实就虚。这种深刻的辩证法充分体现了我国古代农民求生存的经验总结。老子取的例子也多来自农业生产实践,经常以草木、农作物作比喻,特别是南方水稻产区的农民经验。把水的种种品格予以抽象提高到哲学思维的高度。指出水的品格,性格趋下,说它弱,它最弱;说它强,它又最强,冲决堤坝,冲倒大树,洪水夹带泥石流的巨大破坏力,可以带来灾难性破坏。

我国共产党领导的红军发明游击战,用劣势兵力战胜强敌,逐渐壮大。后来大规模的抗日敌后战争,抗美援朝战争,都曾继续发挥以弱胜强的战略思想,仍可看到老子的柔弱辩证法的影响。这种军事辩证法思想在八路军、新四军以及后来的人民解放军中得到普遍推行。高明的理论在文化不高的士兵中容易理解和运用,主要在于我们当年的士兵是穿上军装的农民,一听就懂,一学就会。

四

老子《道德经》是一部讲伦理道德的著作吗?我们说,基本上不是,这是一部空前的哲学著作,而不是伦理学。它是从生活实践为切入点,引导人们进入高度抽象思维境界,告诉人们天道变化、万物发展变化的总道理。老子的"道"是天地万物普遍遵循的总原则,而不是教人做一个循规蹈矩的顺民。老子也讲到治理国家的问题,那就是"无为而治"的方针政策,要点是不扰民,与民休息,减轻人民负担。民之难治,"以其上食税之多"。老子指出用刑罚治国,不是好办法。"民不畏死,奈何以死惧之"。他希望百姓都能做到"甘其食,美其服,安其居,乐其俗,邻国相望,鸡犬之声相闻,民至老死不相往来"。他描绘出的农村百姓过的是一种宁静、自给自足、安适的田园生活。从这里也可以看出老子反映我国古代小农生活的理想画卷。

老子说的"小国寡民"不是主张回到原始公社社会,他说的"国"不是现代的"国家"。春秋战国时,"国"指城镇居民区。孟子说齐国一个乞讨为生的人,早上出门,"遍国中无与语者",这显然不是指齐国全境的国。老子讲到"圣人治天下"的"天下",才是后来人们理解的国家。"小国寡民",是说基层单位要小。古人的"天下"不是今天的"世界"或"全球"的概念。

老子的《道德经》,把治天下看作头等大事,伦理学放在第二位,所以说:

"失道而后德,失德而后仁,失仁而后义,失义而后礼。夫礼者,忠信之薄而乱之首。"

这是说,失去了道而后才有德,失去了德而后才有仁,失去了仁而后才有礼。礼这个东西,它是忠信的缺失,是大乱的祸首。

老子反对"仁",认为"仁"并不是最高境界,这一点恰恰与孔子相反。他说"天地不仁,以万物为刍狗,圣人不仁,以百姓为刍狗。"天地无所谓仁慈,听任万物自生自灭。圣人无所谓仁慈,听任百姓自生自灭。

又说"大道废，有仁义"，"绝仁弃义，民复孝慈"。

"生而不有，为而不恃，长而不宰"。治国的良方就是让百姓自由自在地在此生活，君主不干涉。所以《老子》不是一部讲道德，说仁义，有关伦理修养的书，而是讲世界观的书。所以他说"大道废，有仁义"，仁义不是最高追求的目标。

老子说：

"太上下知有之，其次亲而誉之，其次畏之，其次侮之……"

"功成事遂，百姓皆谓我自然"。

意思是说，高明的统治者，人们仅仅知道他的存在；其次的统治者，人们亲近他，称赞他；更次的统治者，人们畏惧他；最次的统治者，人们轻蔑他。

老子思想是中华文化的瑰宝。中华高度文明起源春秋战国时期。这个时期正是全人类发现了自我，运用高度抽象思维，走向高度文明的时期。西方的古希腊文化，出现了苏格拉底、柏拉图、亚里士多德；古印度次大陆出现了释迦牟尼，创立了佛教；中国出现了老子和孔子。欧洲、印度和中国三支文化是在相互隔绝的状态下，各自成长起来的。东方西方的前进的步伐不约而同，历史证明文化起源的"多元化"这一事实。宣扬文化源头只能出自西方的言论，不是出于无知，就是别有用心，因为这不符合事实。

《老子》文约而义丰，有很多精到的见解，值得很好钻研。

有五千年文明的中国，流传广泛的哲学流派不少，号称百家，其实只有两家,一个是儒家,一个是道家。儒家受到朝廷的重视,后来成为指导人们政治生活的国家宗教(儒教),孔子被尊为儒教的教主,皇帝到孔庙也要参拜。另一流派的老子,它的社会基础是农民。道家成为在野派的主流。老子后来也被道教推奉为教主,或称为太上老君。老子一派以广大小自耕农为其社会基础。

自秦汉到今天,二千来年,中国一直是一个多民族的统一大国。这个多民族的统一大国,必须把千千万万农民的生活安排妥当。农民平时老实、驯服,听从政府的支配,为国家负担租税及劳役。一旦逼得活不下去时,也会揭竿而起,把王朝推翻,成为改朝换代的主力军。汉朝、明朝、洪秀全都是农民起义直接当上皇帝。东汉、唐朝、清朝,是利用农民起义打倒前朝后,乘机当上皇帝建立新王朝的。总之维持一个统一大国,既要保持中央政府的有效统治,又要安抚个体小农的生计。中央政府及农民的关系调整得适当,就会出现历史上所谓的"太平盛世"。

因此了解中国的文化、历史、经济、政治,离不开孔、老两家。

直到建国后五十多年的今天,仍然要用全力来解决"三农问题"。三农问题解决不好,社会的基础就不牢固,中国建设现代化就难以实现。

迄今为止,老子所提出的为政不要过多的干扰,乱出点子,让农民自然生生发育,在稳定中进步,仍值得借鉴。喜欢多出主意,老百姓不欢迎,社会主义建设就会受阻。

老子提出无为,少生事,不要自高自大,柔弱谦下的处事处人的方式，仍有参考借鉴之处。

老子用诗的语言表达深邃的思想，善于正话反说，善于用浅显比喻说明深奥的道理。老子文风有诗意，文体也常用诗的语言。《老子》在全世界有多种语言的译本，每一种语言又有多种译本。从1956年第一次译成现代汉语出版以来，已出版不下十几种译本。这几十年间，我自己仍然不断修改研究，现在这个译本是我九十岁时修订本。如果再过几年学有长进，也许还要再行修订。

我们以一个穷国，取得现代科学和军事的成就。在外国靠资本的原始积累。资本原始积累，外国靠掠夺殖民地，从对外战争中勒索赔款。前者如英、法等国，后者如沙俄、日本。我们走向现代化，靠的是自己的积累，出自广大农民无偿的奉献，出钱出力，甚至付出生命。

有名的英雄可爱可敬，是学习的榜样。还有更多的默默奉献者也是英雄，他们就是几亿农民，值得永远纪念。

反映农民呼声最早、最系统的是《老子》。

"生也有涯，学无止境"，这是我的座右铭。《老子》译文不断修改，是我对待生活的态度。学无止境，永远不知足。

译 例

(一)《老子》书中专用的哲学名词,如"道"、"德"、"圣人"、"无为"、"士"等,有它特定的涵义,均不译;这些概念在《老子》本文都有它自己的解释,不另作注解。

(二)《老子》原文简练,又是以诗的形式写出的,其中有些句子常常省去联系词、代名词以至一句中的主语。为了使译文的意义明确,有必要把句子补成完整的形式。凡原文没有而由译文补足的,都加[ ]号表示,如三十五章"道之出口"的译文上加[但是];十七章"悠兮,其贵言"的译文上加[最好的统治者],余类推。

(三)为了使意义表达得完整,有时也在译文上加以补充的字句,如十九章"故令有所属"的译文中加[正面指出];六十章"若烹小鲜"的译文下加[不要常常扰动它],余类推。

(四)有些原文,在老子当时是很生动、很形象化的语言,今天生活方式、社会条件都跟老子的时代相去太远,按字句译出反而晦涩费解。遇到这些地方就用意译。如五章"以万物为刍狗"的译文即是意译,另在本章后面附注释,余类推。

(五)有些地方要加些注解的,就用( )号,如一章"经常从无形象处认识'道'(无名)的微妙",余类推。

(六)为了集中指出各章的中心思想,每章译文的前面,附有概括性的内容提要。

（七）译文与原文并列，以便于对照。

（八）全书后附重要名词索引、内容分类索引和马王堆汉墓帛书《老子》甲、乙本释文及郭店楚墓竹简《老子》释文，以便于查检和对照。

译
例

目　录

一 章

　　老子重点在于说出"道"的不同于任何具体事物,因为它是最先提出的,所以正面表述它,遇到困难。没有和"道"相对应的恰当的名词来表示它的特性、本质。他希望人们从无形象处体认它的变化,从有形象处体认它的终极。有形或无形都不足以表达"道"的性质,它深远而微妙。

　　"道"这个范畴是老子首先提出的。老子并没有把它的内容讲得十分清楚。后来的唯物主义者和唯心主义者对"道"作出的解释都是从老子的体系中阐发出来的。从这一章只能看出老子提出了"道"的重要性,而不能断定"道"是"绝对精神"还是"物质一般"。因为老子的时代,还不可能有这些观念。

　　老子提出了万物的本源,追问万物的开始,是他深刻的地方。他提出探求世界开始,还处在"起源论"的阶段,比起"神造说"有质的飞跃,比起五行说有更高的抽象思维水平。这是一个了不起的发现,它标志着古代人类认识世界时达到的最高水准。

道,可道,非常①道;　　　　　"道",说得出的,它就不是永恒

---

① 据馬王堆漢墓帛書《老子》(以下簡稱"馬王堆甲本或乙本")甲、乙本"常"作"恒",避漢文帝諱,改爲"常"。

的"道"；

名，可名，非常名。 名，叫得出的，它就不是永恒的
名。

無名①，天地之始； "无名"是天地的原始；
有名，萬物之母②。 "有名"是万物的根本。
故， 所以，
常無，欲以觀其妙③， 经常从无形象处认识"道"（无
名）的微妙，

常有，欲以觀其徼④。 经常从有形象处来认识万物（有
名）的终极。

一

章

---

① 嚴遵、王弼均以"無名"斷句，宋人司馬光、王安石、蘇軾，清人俞樾等，以
"無"斷句。今案，"無名"爲《老子》專用概念，如"道常無名"（三十二
章），"鎮之以無名之樸"（三十七章），"道隱無名"（四十一章）。與無名
相對應，一章"有名萬物之母"，還有"始制有名"（三十二章）。可知此章
斷句，應以"無名"、"有名"斷句較合老子思想體系。

② 馬王堆甲、乙本作"無名，萬物之始也；有名，萬物之母也"。河上公注：
"母，本也。"

③ 馬王堆甲、乙本"常無"作"恒無"。王弼注："妙者微之極也。"

④ 馬王堆甲、乙本"常有"作"恒有"。"徼"，邊的意思，引伸爲終極。

此兩者同出①而異名。　　这两者(有形和无形)讲的一回事,而有不同的名称。

同謂之玄②,　　它们都可以说是深远的,

玄之又玄,衆妙之門。　　极远极深,它是一切微妙的总门。

---

① 《韓非子·解老》:"始謂之出。""出"有萌芽、開端的意思。

② "玄",深黑色,是《老子》中的一個重要概念,有深遠、看不透的神秘意思。

二　章

　　这一章前半集中论述了辩证法思想,提出一切事物都有对立面。失去了对立的一方,另一方也就不存在。如美、丑;善、恶;大、小;长、短;高、下;有、无等等。这是《老子》哲学中极具特色的可贵部分。

　　这一章的后半,表达了运用"无为"的原则,可以用于处事,可以用于治国,任凭事物自己生长、变化,而不要干涉。万物成长了,人类不要居功。

　　老子从理论上反对一切人为的变革。他的"无为"并不是无所作为;他的"不言"也不是任何意见都不发表。

天下皆知美之爲美,	天下的人都知道怎样才算美,
斯恶矣;	这就有了丑了;
皆知善之爲善,	都知道怎样才算善,
斯不善矣。	这就有了恶了。
故	所以
有無相生,	有无互相对立而生,

難易相成①，　　　　难易互相对立而成，

長短相形，　　　　长短互相对立而体现，

高下相傾②，　　　　高下互相对立而存在，

音聲③相和，　　　　声音互相对立而谐和，

前後相隨。　　　　前后互相对立而出现。

是以，　　　　　　因此，

聖人處無爲之事④，　　"圣人"用"无为"去处事，

行不言之教⑤，　　　用"不言"去教导，

———————

① "成"，王弼本作"較"，現據馬敘倫説及唐碑本改。

② 馬王堆甲、乙本作"高下之相盈也"。

③ 音、聲，古人用時有區別。簡單的發音叫做"聲"。聲的組合，成爲音樂節奏的，叫做"音"。古人稱"八音協和"、"和而不同"都是以音樂爲例，表達不同的事物之間的和諧共存，從而豐富了現實世界的生活。

④ 馬王堆甲、乙本"處"作"居"，據馬敘倫説，十七章王弼注，"居無爲之事，行不言之教，萬物作焉而不爲始"，即引這裏的原文。二十三章注，"以無爲爲居(原作君，形似而誤)，不言爲教"，六十三章注，"以無爲爲居，以不言爲教"，都是根據這一章的原文來説的。

⑤ 根據王弼注釋。參看二十七章。

萬物作焉而不爲始①，	［任凭］万物生长变化，而不加干预，
生而不有，	生养了万物，而不据为己有，
爲而不恃，	推动了万物，而不自以为尽了力，
功成而弗居。	功成而不居功。
夫唯弗居，	由于不居功，
是以不去②。	所以他的功绩永在。

---

① “作焉而不爲始”，馬王堆甲、乙本作“昔而弗始”（今案：“昔而弗始”的“昔”字有初義。古人云天地“昔”成，即天地“初成”。從熊十力先生説）。此處取于省吾《老子新證》。今王弼本作“不辭”。王弼十七及三十七章注，引用《老子》文句都是作“不爲始”。“辭”字古文作“嗣”（見毛公鼎、曶鼎、師西鼎、召叔山父簋、虞司寇壺，以及其他古代銅器的銘文）。古代發“司”的音和“台”的音同屬“之”部，兩個字有許多相通的。所以“嗣”，也就是“始”。“辭”字（嗣）本來也有“管理”、“干涉”的意義。“不辭”也就是“不爲始”。

② 《郭店楚墓竹簡》（荆門市博物館編，文物出版社1998年5月版。以下簡稱“楚簡”）甲本作：“天下皆知美之爲美也，惡已；皆知善，此其不善已。有亡之相生也，難易之相成也，長短之相形也，高下之相盈也，音聲之相和也，先後之相隨也。是以聖人居亡爲之事，行不言之教。萬物作而弗始也，爲而弗恃也，成而弗居。夫唯弗居也，是以弗去也。”

三　章

老子反对当时出现的尚贤主张，他主张愚民，和孔子的"民可使由之，不可使知之"的主张有一致的地方。

老子认为社会不安定因素是由于社会上出现了新奇的物品，诱发人的欲望，搅乱了人心，才引起社会争夺、偷盗。如果杜绝了这些诱人的新奇事物，社会就安定了，人民就容易管理了。这一消极的预防思想，反映了中国古代农业社会小生产者的心态，直到现在，还流行着"眼不见，心不烦"之说。在 20 世纪 60 年代的教育领导者还认为农村是改造思想、净化灵魂的最佳环境，动员大批青年下乡插队，把大批共产党员干部送到"五七干校"，改造世界观。可以看到《老子》的使民无知无欲的影响二千多年来还在起作用。

本章最后一段话，"弱其志，强其骨，常使民无知无欲"。法家韩非子对此很欣赏，并用作法家统治老百姓的指导思想。这里可以体现老子与法家之间有一道暗流联通。

不尚贤^①,使民不争;　　不推重有才干的人,免得百姓竞
　　　　　　　　　　　　　争;

不贵难得之货,　　　　　不重视稀有的物品,

使民不为盗;　　　　　　使百姓不偷盗;

不见可欲,　　　　　　　不接触足以引起欲望的事物,

使民心不乱。　　　　　　使百姓的心思不被扰乱。

是以圣人之治,　　　　　因此,"圣人"的治国原则,

虚其心,　　　　　　　　(要)简化百姓的头脑,

实其腹,　　　　　　　　填饱百姓的肚子,

弱其志,　　　　　　　　削弱百姓的志气,

强其骨,　　　　　　　　增强百姓的筋骨,

常^②使民无知无欲。　　永远使百姓没有知识,没有欲
　　　　　　　　　　　　望。

使夫智者不敢为也。　　　可使自作聪明的人不敢有所作
　　　　　　　　　　　　为。

---

① 马王堆甲、乙本"尚贤"作"上贤"。战国时期,周王朝沿袭下来的世官世
　　禄制度日趋没落,法家及墨家提出了尚贤的主张。提出了贵族没才能,可
　　以降为平民;平民有才能可以提拔做官。老子反对"尚贤",认为这样就将
　　引起社会秩序动荡。

② 马王堆甲、乙本"常"作"恒"。

爲無爲，　　　　　依照"无为"的原则办事，
則無不治。　　　　就沒有不成功的。

四 章

　　这是从另外一个方面来论述"道"的无形无象,不可感触,而作用无限。它不但比具体的万物更根本,比创造万物的上帝更古老。这里看出老子的思想深刻处。他要在纷纭的事物中,探寻世界总根源。

道沖,	道不可见,
而用之或不盈①。	而用它用不完。
淵兮②,	是那样深沉啊,
似萬物之宗③。	它好像万物的祖先。
挫④其銳,	[它]不露锋芒,
解其紛,	超脱纠纷,
和其光,	含蓄着光耀,

① 四十五章"大盈若沖,其用不窮",意思相似。

② 馬王堆甲、乙本"兮"作"呵"。

③ "宗",字義原爲祭祖先的神壇。古人"祖"、"宗"經常聯用,這裏是個比喻詞,故譯爲"祖先"。

④ 馬王堆甲、乙本作"銼"。

同其塵①。　　　　　混同着垢尘。

湛②兮③，　　　　　是那样无形无象啊，

似或存。　　　　　它似亡而实存。

吾不知誰之子，　　我不知道它来自何处，

象帝之先。　　　　[只知道它]出现在上帝之先。

---

① "挫其鋭,解其紛,和其光,同其塵",這四個"其"字都是説的"道"本身的
　 屬性,可參看五十八章,"方而不割,廉而不劌,直而不肆,光而不燿"譯文。

② 《説文》:"湛(zhàn),没也。"《小爾雅·廣詁》"没,無也。"

③ 馬王堆甲、乙本"兮"作"呵"。

五 章

这是从政治上讲"无为"的品格在于不讲仁慈,不发议论,听任事物的自生自灭。表明老子对事物的冷眼静观的态度。

天地不仁,	天地是无所谓仁慈的,
以萬物爲芻狗①;	听任万物自生自灭;
聖人不仁,	"圣人"是无所谓仁慈的,
以百姓爲芻狗。	听任百姓自生自灭。
天地之間	天地之间
其猶橐籥②乎③?	不正像风箱一样吗?
虛而不屈,	空虚而不会穷竭,

---

① "芻(chú)狗",古代祭祀時用草扎成的狗。人們把草做成芻狗的時候,並不愛它,重視它;人們祭祀完了抛開它,也不是恨它,輕視它。"芻狗"這一名詞也見於《莊子·天運篇》、《淮南子·齊俗訓》,應屬古代民間祭祀用品。

② "橐籥(tuó yuè)",古代鼓風機械,一般爲皮製成口袋狀,即古代風箱。據吳澄説。

③ 楚簡甲本"乎"作"與"。

動而愈出。　　　　　　愈挤压,风量愈多。

多言①數窮,　　　　　　议论太多,注定行不通,

不如守中。　　　　　　还不如保持适中。

---

① 馬王堆甲、乙本"言"作"聞"。

六 章

　　"谷",即山谷的谷,即虚空。谷神,空虚之神,是万物产生的总根源(玄牝)。有形的万物,大至天地,都是"空虚之神"的产物。万物可以消灭,谷神是永存的;万物有尽,"空虚之神"是无尽的。谷神也就是老子的"道"。

谷神不死,　　　　　　　"道"(谷神)永存,
是謂玄牝①。　　　　　　叫做"玄牝"。

_____

① "牝(pìn)"是一切動物的雌性生殖器官。此理推廣到一切事物,指應當生長之處。"玄牝"是象徵著深遠的、看不見的生産萬物的生殖器官。抗戰時期我在滇時,據友人雲南大學歷史系李埏教授說,雲南省劍川縣有古洞,門口刻有女性生殖器,題爲"玄牝之門",可見古人對"玄牝"的理解。老子把物質的不斷變化這一作用當作萬物發生的根源。參看《朱子語類》卷一百二十五。

玄牝之門①，　　　　　“玄牝”之门，
是謂天地根。　　　　　是天地之根。
綿綿若存②，　　　　　　无形而实存，
用之不勤③。　　　　　　用之不尽。

---

① 薛蕙《老子考異》：“《老子》書大抵用韻，故其遣詞多變文以協韻……如此
　　章曰：‘是謂玄牝’則讀牝爲否，以叶（xié）上句。曰‘玄牝之門’，則特衍其
　　詞與下句相叶。或者乃隨語生解，指一處爲玄牝之門，殊失之矣。”古書音
　　韵諧調用“叶”，行爲諧和用“協”。薛説值得参考。易州龍興觀碑，作“玄
　　牝門”。

② 馬王堆甲、乙本作“綿綿呵其若存”。綿綿、繩繩、冥冥，均雙聲詞，無形象。

③ 于省吾《老子新證》：“勤”應讀作“覲”。古代銅器銘文中，“勤”、“覲”都
　　寫作“堇”。“覲”，即“見”的意思，是説，道雖然“綿綿若存”，而用之不可
　　見。于説可供参考。這裏未採于説。據《淮南子·原道訓》“用之不勤”，
　　《淮南子·主術訓》“力勤才匱”，“勤”即“盡”。

七 章

　　这一章反映了老子的以退为进的思想特点。自然界从未考虑自己的存在,而长久存在。社会生活中,那种不为自己的人,自己到头来不会吃亏。

天長地久。

天地所以能長且久者,

以其不自生,

故能長生。

是以聖人後其身而身先,

外其身而身存。

非①以其無私邪?

故能成其私。

天地长久。

天地所以能长而且久,

因为它的存在不为自己,

所以能长久存在。

因此"圣人"把自己位置放在最后,反而占先,

把自己的利益置之度外,自己反得保全。

不正是由于不考虑自己吗?

反而成全了自己。

---

①　馬王堆甲、乙本"非"作"不"。

八　章

　　以柔克刚,以退为进,用不争达到争的目的,和上章的思想方法是一致的,思维方式也是相同的。老子多以水为喻,就近取譬,与北方邹鲁各流派不同。

上善若水。	最高的善像水那样。
水善利萬物而不爭,	水善于帮助万物而不与争利,
處①衆人之所惡,	它停留在众人所不喜欢的地方,
故幾②於道。	所以最接近"道"。
居善地③,	居住要[像水那样]安于卑下,
心善淵④,	存心要[像水那样]深沉,
與善仁,	交友要[像水那样]相亲,

---

① 馬王堆甲、乙本"處"作"居"。

② "幾",接近。

③ "地",低下。

④ "淵",深。

言善信，　　　　　　言语要[像水那样]真诚，

正①善治，　　　　　　为政要[像水那样]有条有理，

事善能，　　　　　　办事要[像水那样]无所不能，

動②善時。　　　　　　行为要[像水那样]待机而动。

夫唯不爭，　　　　　正因为他[像水那样]与物无争，

故無尤。　　　　　　才不犯过失。

八
章

────────────

① “正”和“政”通用。

② 馬王堆甲本作“蹱善時”，乙本作“動善時”。

九 章

　　这里表达了对待事物、对待生活的总的原则是多一事不如少一事，出头露面，容易受挫折，犯错误。此种小农意识，今天仍然流行，如"枪打出头鸟"、"出头的椽子先烂"的谚语。

持而盈之①，	要求圆满，
不如其已。	不如不干。
揣而銳②之，	尖利又锋芒，
不可常保。	难以保久常。
金玉滿堂③，	金玉堆满堂，
莫之能守。	谁能长守藏。
富貴而④驕，	富贵又骄纵，

---

① 馬王堆甲、乙本均作"埴而盈之"，直譯應當據成玄英《疏》："執求盈滿"。

② "銳"，王弼本作"梲"，據河上公本改。直譯應是"磨得又尖又利"，參看馬敘倫說。

③ 馬王堆甲、乙本作"金玉盈室"。

④ 本章的三個"而"字都是"并且"、"而且"的意思，不是"但是"的意思。

自遗其咎。　　　　　自己招祸殃。

功成身退，　　　　　功成快抽身，

天之道①。　　　　　　天"道"恒常。

九
章

---

① 楚簡甲本作"植而盈之，不不若已。湍而羣之，不可長保也。金玉盈室，莫
能守也。貴富驕，自遺咎也。功遂身退，天之道也"。

十 章

这里进一步发挥了老子无为的政治观。他认为无为符合自然之道。把静观、玄览,推广到社会政治领域里,都离不开无为这个指导原则。

載①營魄抱一,	神与形合一,
能無離乎?	能不离失吗?
專氣致柔,	守气又柔弱,
能嬰兒乎?	能像婴儿吗?
滌②除玄覽,	清除杂念,深入静观,
能無疵乎?	能无瑕疵吗?
愛民治國,	爱民及治国,

---

① 《楚辭·遠遊》"載營魄而登遐兮",王注,"載"訓爲"抱"。又"載",古哉字,屬上句,《冊府元龜》唐玄宗天寶五載詔云:"頃改《道德經》'載'字爲'哉',仍隸上句。"是把九章的末一句"天之道"後面加一"哉"字。從文句結構看,此説可取。一連五個疑問句,都是平行的句法。

② 馬王堆甲、乙本"滌"作"脩"。

能無知①乎?	能不用智力吗?
天門開闔,	强弱对立时,
能爲②雌乎?	能甘居柔弱吗?
明白四達,	聪明过人,
能無爲乎?	能保持无为吗?
生之、畜之;	让万物生长、繁殖;
生而不有;	生养了万物而不占有;
爲而不恃;	推动了万物而不自以为尽了力;
長而不宰。	涵盖万物而不干扰。
是謂玄德。	才是深远的"德"。

---

① 馬王堆乙本作"能毋以知乎"。參看六十五章"以智治國,國之賊;不以智
　治國,國之福"。

② "爲",王本及河上公本均作"無"。馬王堆乙本作"爲",唐碑本作"爲"。
　二十八章"知其雄,守其雌,爲天下谿",正是"爲雌"的意義。"無雌"與老
　子的"柔弱"、"謙下"的基本思想不合。

十一章

老子把"有"和"无"的关系,割裂、对立起来,只看到房屋用于住人的地方是空虚的部分;器皿用于盛水的地方是器物空虚的部分;车轮转动的部位是车轮中间的空洞(毂)。认为对一切事物起决定作用的是"无",而不是"有"。这里,老子忘记了,如果没有车子的辐和毂、没有陶土、没有房子的砖瓦墙壁这些具体的"有"的支持,那些空虚的部分又从哪里来? 又怎能发挥车、器、房子的功用?老子指出"无"的作用,是他的贡献,老子说"有无相生",没有"有"也就没有"无"。这一章,把"无"过分夸大,把"有"看得无足轻重,因而是片面的。这一点,后来的王安石等哲学家已指出过。"有"与"无"对立的统一,才是正确的辩证观。

三十辐共①一毂②,　　三十条辐集中到一个毂,

当其無,　　　　　　有了毂中间的空洞,

有車之用。　　　　　才有了车的作用。

---

① "共",即"拱"字,是"拱卫"、"集中"的意思。

② "毂",即車輪中心車軸穿過的圓木,北方農村叫它做"車頭"。

埏埴^①以爲器，　　　　　抟击陶泥作器皿，

当其無，　　　　　　　　有了器皿中间的空处，

有器之用。　　　　　　　才有器皿的作用。

鑿戶牖以爲室，　　　　　开凿门窗造房屋，

当其無，　　　　　　　　有门窗四壁的空间，

有室之用。　　　　　　　才有房屋的作用。

故　　　　　　　　　　　所以

有之以爲利，　　　　　　"有"所给人的便利，

無之以爲用。　　　　　　完全靠"无"的作用。

①　"埏埴(shān zhí)"，古人製造圓形陶器，如盆、罐、甕等，其機械可用脚踏旋轉。

十二章

本章提倡用不接触的办法对待社会上出现的新的事物,表现了古代农民、小生产者对文化生活的抵触情绪,认为新生事物破坏了人们朴素的自然生活。

五色令人目盲;   缤纷的色彩,使人目盲;

五音令人耳聾;   动听的音乐,使人耳聋;

五味令人口爽①;   丰美的食品,使人口伤;

馳騁畋獵令人發狂;   追逐猎物,使人心发狂;

難得之貨令人行妨②。   新奇物品,引起偷和抢。

是以聖人爲腹不爲目。   因此"圣人"只求肚子吃饱,

                             不为看着好看。

---

① "爽",古人"爽傷"常作一詞連用,和今天我們常用的"爽快"、"清爽"的意義不同。參見馬敍倫説。

② 馬王堆本與今本次序不同。"五味使人之口爽,五音使人之耳聾"在"令人行妨"後。"行妨"本來是指的一切損害別人利益的行爲。在這裏特別指的盜竊、掠奪之類的行爲。參看三章"不貴難得之貨,使民不爲盜"。二章相呼應。

故去彼取此。　　　　　　所以不要后者（目）而要前
　　　　　　　　　　　者（腹）。

十三章

　　这一章教人不要对荣誉、地位看得重。那些都属于身外之物，不值得美慕，更不要追求。心情要经常保持淡泊、平和状态。

寵辱若驚①，	［人们］患得患失以至于惊恐，
貴大患若身。	把患得患失像生命一样看重。
何謂寵辱若驚？	什么叫做患得患失以至于惊恐？
寵爲下，	虚荣心本来就卑下，
得之若驚，	［可是人们］得到它，为之惊喜，
失之若驚，	失掉它，为之惊惧，
是謂寵辱若驚。	这就叫做患得患失以至于惊恐。
何謂貴大患若身？	什么叫做把大患像生命一样看重？
吾所以有大患者，	我所以有患得患失毛病，
爲吾有身，	由于遇事总是考虑自己，

---

① 譯文據馬敘倫説。成玄英《疏》説"得之"、"失之"都是指的"寵"説的。劉師培《老子斠補》認爲"寵"字與"貴"字對文，"辱"字與"大患"對文，這一見解也值得參考。

及吾無身，　　　　　若不考虑自己，

吾有何患？　　　　　我还有什么忧患呢？

故　　　　　　　　　所以

貴以身爲天下，　　　只有对天下并不看重的人，

若①可寄天下；　　　才可寄以天下的重任；

愛以身爲天下，　　　只有珍爱自己，对天下也不患得患失

　　　　　　　　　　的人，

若②可託天下③。　　　才可以把天下的重任托付给他。

---

① "若"字，做"乃"字解，古聲韻"若"、"乃"相通。《莊子·在宥篇》："故貴
　　以身於爲天下，則可以託天下；愛以身於爲天下，則可以寄天下。"王引之
　　説，可參考。

② 參見前頁注①。

③ "貴以身爲天下，……若可託天下"的意義，可參看《莊子·讓王篇》："夫
　　天下至重也，而不以害其生，又況他物乎？唯無以天下爲者，可以託天下
　　也。"《呂氏春秋·貴生》："天下重物也，而不以害其生，又況於他物乎？
　　唯不以天下害其生者也，可以託天下。"以上兩書的解釋，都是發揮《老
　　子》這兩句的中心思想的。

　　　　楚簡乙本作"人寵辱若驚，貴大患若身。何謂寵辱？寵爲下也。得之
　　若驚，失之若驚，是謂寵辱驚。□□□□□若身？吾所以有大患者，爲吾
　　有身。及吾亡身，或何□□□□□□爲天下，若可以託天下矣。愛以身爲
　　天下，若何以迖天下矣"。

十四章

这一章集中说明"道"不是感官直接认识的,所以说它是没有相状,没有形象。它虽然无形无相,却又是当前具体事物的主宰者。

"道"这个字最早写作㣥,表示人在路上走。老子首先提出"道"作为哲学范畴,成为抽象的规律的含义。因此,它不同于有形有象的任何具体事物,看不见,听不见,摸不到,抓不住。无形的道却支配着有形的一切事物。

視之不見,名曰夷①,	看它看不见,叫做"夷",
聽之不聞,名曰希,	听它听不到,叫做"希",
搏之不得,名曰微②。	摸它摸不着,叫做"微"。
此三者,不可致詰③,	这三者无法进一步追究,

---

① 馬王堆甲、乙本"夷"作"微"。

② 馬王堆甲、乙本"微"作"夷"。

③ 馬王堆甲、乙本"詰"作"計"。"夷"、"希"、"微",都有細小,微小,感官難以感觸的涵義。

故混而爲一①。　　它实在是一个东西。

其上不皦，　　　从上面看[它]并不明亮，

其下不昧②，　　从下面看[它]也不阴暗，

繩繩③不可名，　　渺茫难以形容，

復歸於無物。　　回到无形无象的状态。

是謂　　　　　这叫做

無狀之狀，　　沒有相状的相状，

無物之象，　　不见形体的形象，

是謂　　　　　这叫做

惚恍。　　　　"惚恍"。

迎之不見其首，　　从对面看不见它的头，

隨之不見其後。　　从后面看不见它的背。

---

① "一"即是"道"。

② "其"即指"道"的所有格。因爲任何有形體的東西，由於光線投射的關係，它的上面顯得亮些，下面顯得有陰影，而"道"不同於具體東西，則無所謂上面、下面。"皦(jiǎo)"，光亮；"昧(mèi)"，昏闇，皦的反義詞。

③ "繩繩(mín mín)"，冥冥、綿綿是雙聲詞，這是一個表音詞，老子書互見、互用，即渺茫、不清楚。不是今天人們所理解的捆扎東西的繩索，讀者也不讀作 shéng，今河南省有黽池縣，仍保持諧古音讀 miǎn 池。

執古之道以御今之有①，	根据古来的"道"以治理当前的国家（有），
能知古始，	能借鉴古来的经验，
是謂	就是
道紀。	"道"的规律。

_____

① "有"，劉師培曰：有即域，假借字。《詩·商頌》："奄有九有"。後一個"有"即"域"的假借字。"域"，即國界，亦指國家。

十五章

　　这一章是老子对于得到了"道"的人的描述。有道的人,细致、深刻而通达,其精神境界远远超出一般人;这种人小心谨慎;这种人纯朴、谦虚;这种人办事不要求圆满,看似保守,却能得到成功。

古之善爲士①者,	古时有道的人,
微妙玄通,	细微、深远而通达,
深不可識②。	深刻到非一般人所能理解。
夫唯不可識,	正因为非一般人所能理解,
故强爲之容:	所以要[对他]勉强加以描述:
豫焉,若冬涉川③,	事先谨慎啊,像冬天涉水过河,

---

① "士",馬王堆乙本、傅奕本作"道"。這裏講的"士"就是懂得"道"、符合老子的"道"的原則的人。

② 馬王堆甲、乙本"識"作"志"。"識"、"志"都有認識的涵義。

③ "豫",馬王堆甲、乙本作"與"。"猶豫",雙聲詞,下不了決心的樣子。"若冬涉川",冬天赤腳過河,河水冷,不敢貿然下水。

猶兮,若畏四鄰①,	反复考虑啊,像提防邻国的围攻,
儼兮,其若客②,	恭敬严肃啊,像对待贵宾,
涣兮,若冰之將釋,	流动洒脱啊,像春冰将融,
敦兮,其若樸,	厚重啊,像未经雕凿的素材,
曠兮,其若谷,	旷远啊,像深山幽谷,
混兮,其若濁③,	包容一切啊,像江河的不择细流,
孰能濁以止④?	谁能使浑浊停止?
靜之徐清。	安静能使它澄清。
孰能安以久?	谁能安定而长久?
動之徐生。	变动会打破安静。

---

① "猶豫",雙聲詞,下不了決心的樣子。"若畏四鄰",怕敵人圍攻不敢貿然行動。

② "客",王弼本作"容",據馬王堆甲、乙本及河上公本改。

③ 馬王堆甲、乙本,此兩句為"湷呵其若浊,湽呵其若浴"。

④ 王弼本無"止"字,據《道藏》河上公本及河上公注補。

保此道者不欲盈①。　　　有"道"的人不求满盈。

夫唯不盈，　　　　　　　正因为[他]不求满盈，

故能蔽②不（而）③新成。　看似保守，却不断取得成功。

十
五
章

---

① 楚簡甲本作"長古之善爲士者，必微溺玄達，深不可識，是以爲之容：豫乎
若冬涉川，猶乎其若畏四鄰，嚴乎其若客，渙乎其若釋，屯乎其若樸，坉乎
其若濁。孰能濁以静者，將徐清。孰能庀以迬者，將徐生。保此道者不欲
尚盈"。

② "蔽"與"敝"通。唐碑本作"敝"或"弊"。

③ 馬王堆甲、乙本作"是以能敝而不成"。"不"字可能是"而"字錯寫的。古
代篆文"不"與"而"字形很相近。

十六章

　　老子以虚心的态度静观万物,他认为万物的变化是循环往复的,变来变去,又回到它原来的出发点(归根),好像未变,所以叫做静。静是万物变化的总原则,所以是常(不变),遵循静的原则,就不要轻举妄动。把主静应用到生活、政治各个方面,无为而治,可不遭风险。

致①虚極,	[尽量使]心灵虚寂,
守静篤。	保持清静。
萬物並作,	万物纷纭呈现,
吾以觀復。	我观其往复循环。
夫物芸芸,	事物变化纷繁,
各復歸其根②。	各自回到出发点。
歸根曰静,	回到出发点,叫做"静",

---

① "致",馬王堆甲、乙本作"至"。

② 楚簡甲本作"至虚,恆也;守中,篤也。萬物旁作,居以須復也。天道員員(今按:員員、芸芸,雙聲詞,涵義同),各復其根"。

是曰復命，	这叫做"复命"，
復命曰常，	"复命"叫做"常"，
知常曰明。	认识"常"［的道理］叫做"明"。
不知常，妄作，	不认识"常"，而轻举妄动，
——凶。	——［必遭］险凶。
知常容，	认识"常"，才能一切包容，
容乃公，	一切包容，才能一切坦然大公，
公乃王，	坦然大公，才能担当首领，
王乃天，	担当首领，才能符合自然(天)，
天乃道，	符合自然，就是"道"，
道乃久，	符合"道"，才能长久，
歿身不殆。	终身不遭险凶。

十七章

　　这一章讲无为是最好的治国原则,任何有为的措施都不可取,甚至是有害的。他主张无为而治,反对统治者对人民发号施令,表明他认为即使政治上取得某些成绩,统治者也不应居功,因为本来就应当如此。

太上,下①知有之,	最好的统治者,人们仅仅知道有它的存在,
其次親而譽之,	其次的统治者,人们亲近它、称赞它,
其次畏之,	更次的统治者,人们畏惧它,
其次侮之,	最次的统治者,人们轻蔑它,
信不足焉,	不值得信任,

---

① “下”,《永樂大典》本作“不”,吳澄本也作“不”。“不”字更符合老子無爲而治的思想。按照“不知有之”,可譯爲“人們不知道它的存在”。

有不信焉①！　　　　　　才有不信任的事情发生啊！

悠兮，其贵言，　　　　　　[最好的统治者]是那样的悠闲
　　　　　　　　　　　　　啊，它很少发号施令，

功成事遂②，　　　　　　　事情办妥帖了，

百姓皆谓"我自然"③。　　　百姓都说："我们本来就是这样
　　　　　　　　　　　　　的"。

十

七

章

①　据王引之校，应作"信不足，焉（乃）有不信"。本章及二十三章都是作"信
　　不足焉，有不信焉"。意思也很明确，所以没有改动原文。

②　马王堆甲、乙本作"成功遂事"。

③　"自然"不同于现在意义的"自然"，而是"自己本来就是那样的"，"然"即
　　样子。楚简丙本作"大上下知有之，其次亲誉之，其次畏之，其次侮之。信
　　不足，安（今按："安"通"乃"字）有不信。猷乎其贵言也。成事遂功，而百
　　姓曰，'我自然也'"。意思正确。

十八章

　　所谓仁义、智慧、孝慈、忠臣,老子认为这是病态社会才会出现的反常现象,在合理的社会中不会产生这些所谓道德。这里也透露老子深刻的辩证法思想,智慧和虚伪、孝慈和家庭纠纷、忠臣和国家昏乱等等,他看到它们中的对立和相互依存的关系。

大道廢,	大"道"被废弃,
有①仁義。	才出现了"仁义"。
智慧出,	有了聪明才智,
有大僞。	就有大的虚伪。
六親不和,	家庭陷于纠纷,
有孝慈。	才有所谓孝慈。
國家昏亂,	国家陷于昏乱,
有忠臣②。	才有所谓忠臣。

---

① 馬王堆甲本作"案有仁義",乙本作"安有仁義"。"案"、"安"即"乃",即"於是"。以下三句三個"有",馬王堆甲、乙本均分別作"案"、"安",義相同。

② 楚簡丙本作"故大道廢,安有仁義;六親不和,安有孝慈;邦家昏□,安有正臣"。

十九章

这一章是第十八章的思想的继续阐发。"见素抱朴，少私寡欲"才是从根本上治理国家的好办法。

絕聖棄智，	[统治者]不用聪明和智慧，
民利百倍；	百姓才享有实在的利益；
絕仁棄義，	[统治者]抛弃了"仁"和"义"，
民復孝慈；	百姓重新回到孝慈；
絕巧棄利，	[统治者]抛弃了巧和利，
盜賊無有。	盗贼才能消弥。
此三者以爲文不足，	以上三条[消极的表述]作为理论是不够的，
故令有所屬①：	所以要[正面表述]使人有所从属——

---

① 馬王堆甲、乙本作"此三言也，以爲文未足，故令之有所屬"。

見素抱樸，   [那就是]：外表单纯、内心朴素，

少私寡欲①。   减少私心，降低欲望。

---

① 楚簡甲本作"絶智弃辯，民利百倍。絶巧弃利，盗賊亡有。絶僞弃詐，民復孝慈。三言以爲辨不足，或令之或乎屬。視素保樸，少私須〈寡〉欲"。

二十章

老子思想深刻而有创见,很难被当时世俗一般人所理解。这一章,却故意说了些贬低自己的话,说自己无能、糊涂、没有本领,其实是正话反说,讽刺社会上的一般浅薄、庸俗。最后一句点出了主题,说出他和别人不同之处,在于得到了"道",与开首第一句相呼应。

絕學無憂。	抛弃学问,可以使人无忧。
唯①之與阿②,	应诺与斥呵,
相去幾何?	相差有好多?
善之與惡,	善良与罪恶,
相去若何?	差得了好多?
人之所畏,不可不畏③,	别人所怕的,不能不怕,

---

① "唯",應諾,答應的聲音。
② "阿",責斥的声音,即呵斥。
③ 楚簡乙本作"絕學亡憂。唯與可,相去幾可?美與惡,相去何若?人之所畏,亦不可以不畏人"。

荒兮①,其未央②哉!　　　远古以来已如此,这风气还不知
　　　　　　　　　　　　　道何时停止!

衆人熙熙③,　　　　　　众人是那样无忧无虑的欢喜,

如享太牢④,　　　　　　好像参加盛大的筵席,

如春登臺。　　　　　　像春日登台眺望那样畅适。

我獨泊⑤兮,其未兆,　　独有我,却淡淡地,无动于衷,

如嬰兒之未孩⑥,　　　　像还不会发出笑声的婴儿,

儽儽⑦兮,若無所歸!　　疲倦地,竟像无家可归!

衆人皆有餘,　　　　　　众人都多余而丰饶,

而我獨若遺。　　　　　　而我却处处不足。

我愚人之心也哉,　　　　我这愚人的心肠啊,

---

① “荒兮”、“泊兮”諸“兮”字,馬王堆甲、乙本均作“呵”。“兮”均可今譯爲
　 “啊”。

② “央”,完了,結束。“未央”,尚未結束。

③ “熙(xī)”,快樂。

④ 馬王堆甲、乙本作“若鄉(饗)太牢而春登臺”。“太牢”,古代帝王祭祀社
　 稷時隆重豐盛的具有牛、羊、豕的祭品,祭祀後,衆人分享這些祭品。

⑤ “泊”,淡。

⑥ “孩”,嬰兒的笑聲。

⑦ “儽儽(lěi)”,疲倦的樣子,通“累”。與孔子同時的勞動人民譏笑孔子,説
　 他“儽儽如喪家之狗”。

沌沌①兮！　　　　　混混沌沌地！

俗人昭昭，　　　　　人们都那么明白，

我獨昏昏。　　　　　我却这样糊涂。

俗人察察②，　　　　人们是那么精明，

我獨悶悶③。　　　　我却在一旁沉闷。

澹④兮，其若海，　　辽阔啊，像无边的大海，

飂⑤兮，若無止。　　无尽啊，像疾吹的长风。

衆人皆有以，　　　　众人都有一套本领，

而我獨頑似鄙。　　　独我又笨又无能。

我獨異於人，　　　　我跟人家不同之处，

而貴食⑥母。　　　　在于找到了根本（母）。

---

① "沌(dùn)"，混沌、不清楚。

② "察察"，嚴苛。

③ "悶悶"，滿也，懑、憤，義同音近。參見馬叙倫《說文解字六書疏証》卷二十。

④ "澹(dàn)"，遼遠的意思。

⑤ "飂(liáo)"，急風。

⑥ "食"，應作"德"，從劉師培説，"德"與"得"通用。

二十一章

　　"孔德之容,惟道是从"。这一章用诗的手法,绚丽的辞章,集中描述了"道"的一些品格。"道"虽看不见,无形无象,但确实存在,万物都是由它产生的。

孔①德之容,	大"德"的品格,
惟道是從。	在于它与"道"一致。
道之爲物,	"道"这个东西,
惟恍②惟惚③。	没有固定的形体。
惚兮恍兮,	它是那样的惚恍啊,
其中有象;	惚恍之中是它的形象;
恍兮惚兮,	它是那样的恍惚啊,
其中有物。	恍惚之中是它的实体;

---

① "孔",大。

② "恍(huǎng)",不清楚。

③ "惚(hū)",不清楚。

窈①兮冥②兮，　　　　　它是那样的深远暗昧啊，

其中有精③；　　　　　　深远暗昧中却涵着精气，

其精甚真，　　　　　　　这精气,最具体，

其中有信。　　　　　　　最真实。

自古及今，　　　　　　　从古到今，

其名不去，　　　　　　　它的名字不能废去，

以阅④众甫。　　　　　　根据它,才能认识万物的开

　　　　　　　　　　　　始。

吾何以知众甫⑤之狀哉?　我何以知道万物开始的情况

　　　　　　　　　　　　呢?

以此。　　　　　　　　　原因在此。

----

① "窈(yǎo)",深遠。

② "冥(míng)",暗昧,不清楚。

③ "精"與"氣",都是極細微的物質性的實體。

④ 《左傳》襄公九年:"商人閱其禍敗之釁,必始於火";《詩經·谷風》:"我躬
不閱,遑恤我後";《管子·度地篇》:"常以秋歲末之時閱其民","閱"都有
認識、檢查的意義。馬王堆甲、乙本作"以順眾父"。

⑤ "眾甫",馬王堆甲、乙本作"眾父",義同。

二十二章

　　从开头到"多则惑"六句话,包括人们生活中经常遇到的六个方面,疑为古代民间流行的谚语。正像今天人们常说"贪多嚼不烂","慢工出巧活",这里面有辩证法思想,讲到正面,又顾到反面。老子的分析,可以作为观察一切的原则。也是老子善于运用前人的失败和成功经验,丰富了生活中的辩证思维方法。

"曲则全,	"委屈反能保全,
枉则直,	弯曲反能伸直,
窪则盈,	卑下反能充盈,
敝则新,	敝旧反创新奇,
少则多,	少学反有收获,
多则惑。"	贪多反增困惑。"
是以	因此

聖人抱一爲天下式①。　　"圣人"用(一)"道"作为观察的
　　　　　　　　　　　　工具。

不自見，　　　　　　　不专靠自己的眼睛，

故明；　　　　　　　　所以看得分明；

不自是，　　　　　　　不自以为是，

故彰；　　　　　　　　所以功过清楚；

不自伐，　　　　　　　不自己夸耀，

故有功；　　　　　　　所以有功；

不自矜②，　　　　　　　不自高自大，

故長。　　　　　　　　所以当首领。

夫唯不爭，　　　　　　正因为不与天下争，

故天下莫能與之爭。　　所以天下无人敢与他争输赢。

---

① "式"，也作"栻"，木製的圓形轉盤，是古代占卜用的一種工具，到漢代賣卜的人還使用它。根據它轉動的結果，來判斷占卜的人的吉凶禍福。見《史記·日者列傳》。老子這裏是說，"聖人"觀察天下的命運也要用工具，這個工具不是木製的式，而是用"一"作爲式(工具)，這個"一"就是"道"。馬王堆甲、乙本作"聖人執一以爲天下牧"，是說"聖人"用道(一)來管理天下。

② "矜(jīn)"，自高自大。

古之所謂"曲則全"者，　古人所谓"委屈反能保全……"

[这些话]

豈虛言①哉？　哪里是空话呢？

誠全而歸之。　确实能使人圆满成功。

---

① 馬王堆甲、乙本"言"作"語"。

二十三章

这一章,讲"道"的原则。只要相信"道",就会得到"道"。不相信,不照着做,就不会得到"道"。坚定人们对于"道"的信心不动摇,所以最后一句说:"不值得信任,才有不信任的事情发生。"

希言①自然。	少表现,才是本来面目。
故	所以
飄風不終朝,	狂风刮不到一早晨,
驟雨②不終日。	暴雨下不到一整天。
孰爲此者?	谁使它这样的?
天地。	是天地。
天地尚不能久,	天地[的狂暴势力]尚且不能持久,
而況於人乎?	何况人呢?

---

① 希言,是少講話,引申義爲發表主張,有所表現。有人以"希言自然"句,與老子原旨不合,故不取。

② "驟雨",馬王堆甲、乙本作"暴雨"。

故從事於道者，　　　　　所以求"道"的人［应知道］：

道者同於道，　　　　　　追求"道"的，与"道"在一起，

德者同於德①，　　　　　追求"德"的，与"德"在一起，

失者同於失。　　　　　　追求过失的，就与"过失"在一

　　　　　　　　　　　　起。

同於道者，　　　　　　　同于道的人，

道亦樂得之；　　　　　　"道"也愿意得到他；

同於德者，　　　　　　　同于德的人，

德亦樂得之；　　　　　　"德"也愿意得到他；

同於失者，　　　　　　　同于过失的人，

失亦樂得之②。　　　　　过失也愿意得到他。

信不足焉，　　　　　　　对于"道"信心不足［的人］，

有不信焉③。　　　　　　才不信任"道"的存在。

---

① "德"與"得"古通用。這裏的"德者同於德，失者同於失"有雙關的意義。
　老子是説求"德"的人就可以得到"德"。

② 《老子》這三句話（同於道者，道亦樂德之；同於德者，德亦樂得之；同於失
　者，失亦樂得之）是文學的寫法。意思好像人們説的：和真理一致的人，真
　理也願意得到他；和錯誤一致的人，錯誤也願意得到他。

③ 《老子》十七章也講到"信不足焉，有不信焉"，是指百姓對統治者的信任
　關係説的。字句相同，意義迥別。

二十四章

这里教人用辩证的观点观察社会,指导生活,以贯彻他的贵柔、谦退的哲学原则。

此章可与二十二章中"不自见,故明;不自是,故彰;不自伐,故有功;不自矜,故长"互相发明,前一章是反说,这一章是正说,主旨是一贯的。

企者不立;	抬起脚跟站得高,反而站不牢;
跨者不行;	两步并作一步走,反而快不了;
自見者不明;	专靠自己的眼睛,反而看不分明;
自是者不彰①;	自以为是,反而判断不清;
自伐者無功;	自己夸耀,就没有功劳;
自矜者不長②。	自高自大,就不能领导。

---

① 馬王堆甲、乙本作"自視者不章,自見者不明"。

② "長(zhǎng)",领导。

其在道也，	［以上这些］从"道"的原则看来，
曰餘食贅①行，	这种作风都是剩饭、草包，
物或惡之，	谁都厌恶它，
故有道者不處②。	所以有"道"的人不以此自居。

① "贅(zhuì)"，多餘的。
② 馬王堆甲、乙本作"故有欲者弗居"。

二十五章

这是老子关于"道"的描述的很重要的一章。"道"先于天地万物而存在,非感官可以直接感知的对象,它又是运动的。宇宙间有四种伟大的存在,即人、地、天、"道"。这"四大"之中,"道"是最高的,天地万物都是从"道"产生出来的。

人类认识世界,有一个逐步演进的过程。原始人群,浑浑噩噩,只求吃饱了肚子,没想得更多,后来生产发展了,认识进步了,试图追问人和万物的起源。推想有一个超人的造物者,叫做"天"、"神"什么的。以后才进一步抽象为几种基本物质构成,西方哲人提出了水,气,或"火",或"原子",印度古代认为"四大种"(地、水、火、风),中国提出"五行"(水、火、木、金、土)。老子首先提出了"道"为万物的原始,这是人类认识世界,解释世界的一次飞跃。但在理论上还不够成熟。把"道"作为世界的最后的构成者,还是处在"宇宙生成论"的阶段。只是老子的"宇宙生成论"比其他学说构成论抽象水平更高,留有进一步发展的余地,人类的宇宙观还要前进,并没有到此为止。"道"的提出,是中国哲学史上一个里程碑,值得重视。

有物混成,　　　　　有一个浑然一体的东西,

先天地生。	它的存在先于天地。
寂①兮寥②兮，	既无声息啊，又无形体，
獨立不改，	它不依靠外力，
周行而不殆。	循环运行永不停止。
可以爲天下母③。	当得起天下万物的母亲。
吾不知其名，	我不知怎样称呼它，
字之曰道，	把它叫做"道"，
强爲之名曰大。	勉强再给它起名叫做"大"。
大曰逝，	"大"称作消逝，
逝曰遠，	消逝到极远，
遠曰反。	从极远又返还。
故道大，	所以[说]"道"大，
天大，	天大，
地大，	地大，

---

① "寂(jì)"，没有聲音。

② "寥(liáo)"，空虛，無形。

③ "天下母"，馬王堆甲、乙本作"天地母"，於義爲勝。

人①亦大。　　　　　　　人也大。

域中有四大，　　　　　宇宙间有四大，

而人②居其一焉。　　　　而人居其一。

人法地，　　　　　　　人效法地，

地法天，　　　　　　　地效法天，

天法道，　　　　　　　天效法"道"，

道法自然③。　　　　　"道"效法它自己。

二十五章

---

① "人"，王弼本均作"王"，但王弼的注是按"人"字注解的。而且按下文"人
　法地，地法天……"的顺序，可證明這裏兩個"王"字都是"人"字。宋范應
　元本正是作"人"字。"域中"，馬王堆甲、乙本作"國中"。

② 同上。

③ 楚簡甲本作"有瓶蟲成，先天地生，敓穆，獨立不改，可以爲天下母。未知
　其名，字之曰道，吾强爲之名曰大。大曰潱，潱曰〈遠〉，〈遠〉曰返。天大，
　地大，道大，王亦大。國中有四大安，王居一安。人法地，地法天，天法道，
　道法自然"。

二十六章

　　这一章,老子举出轻和重、静和动(躁)两对矛盾,发表了对这两对矛盾的看法。认为轻与重对立,矛盾的主要方面是重;躁与静对立,矛盾的主要方面是静。可见老子的辩证法是主静、贵柔的。动与静的矛盾,本来是对立的统一,强调任何一方,都不是完整的辩证法。老子虽然也接触到动静的关系,指出二者不可分;但他把静看作矛盾的主要方面,也就是把辩证法理解偏了。因此,老子的辩证法是不全面的。"虽有荣观,燕处超然。奈何万乘之主,而以身轻天下?"据《韩非子·喻老》,这几句是注释混入正文的。战国末期流行的《老子》书已经是今天流行本,《韩非子》提出怀疑。《韩非子》的解释值得重视。

　　这一章,与老子思想联系起来看,与老子的贵柔,主静的基本立场是一致的。

重爲輕根,	重是轻的基础,
靜爲躁①君。	静是动的主宰。
是以	因此

---

①　"躁(zào)",動。

聖人①終日行　　　"圣人"终日走路

不離輜重②。　　　不离开载着粮秣的辎重。

雖有榮觀③，　　　虽享有繁华的生活，

燕處④超然⑤。　　　却不沉溺在里面。

奈何萬乘之主⑥，　　为什么身为大国的君主

而以身輕天下？　　却低估了对国家举足轻重的地

　　　　　　　　　位呢？

輕則失根⑦，　　　轻举必然丧失基础，

躁則失君。　　　　妄动必然丧失主宰。

---

① "聖人"，馬王堆甲、乙本作"君子"。

② "輜(zī)重"，行軍帶的糧食、裝備等用品。

③ "榮觀"，貴族遊玩享樂的地方。

④ "燕處"，貴族日常生活享受。

⑤ "超然"，不陷在裏面。

⑥ "萬乘之主"，馬王堆本作"萬乘之王"。戰國時期大國作戰時一次可以出
　動萬部作戰的車子，一部車子叫做一乘。萬乘之主，即指大國的國君，小
　國人少，出不起萬乘。

⑦ "根"，各本作"本"，據《韓非子·喻老》引文作"輕則失根"改。文義也與
　上文"重爲輕根"照應。《永樂大典》"本"作"根"。

二十七章

　　这一章上半部分讲"无为而治"的一些方法;下半部分讲看问题不能只从一个方面看,要考虑到事物的对立面。这样,有用和无用,善人和不善人都有它的用处。这里"无弃人"、"无弃物"的观点,从无用中看到有用,从弃物中看到物的有用的方面,老子深邃的见解对现代人也有启发。今天讲的生产建设的"循环经济"思想,老子的思想中已有了萌芽。

善行,無轍跡①;	善行路者,不留辙迹;
善言,無瑕謫②;	善言谈者,无瑕可谪;
善數,不用籌策③;	善计算者,不用筹策;

---

① "轍(zhé)跡",古代車子在泥土的路上走過,車輪碾過留下的痕跡。這裏講的"善行"與下文"善言"對舉,並不單指走路,而是指行爲。默默無聞地做好事,才算"善行",因爲它不留痕跡。做了一件好事,生怕人家不知道,到處張揚,老子認爲這不算"善行"。

② "瑕謫(xiá zhé)",缺點,毛病。

③ "籌策",古代計算所用竹製的籌碼,相當於今天珠算的作用。

善閉，無關楗①而不可
開；

善結，無繩約②而不可
解。

是以

聖人常③善救人，

故無棄人；

常善救物，

故無棄物。

是謂襲④明。

故善人者不善人之師，

不善人者善人之資⑤。

善关闭者，不用锁钥，却使人不
能开；

善捆缚者，不用绳索，却使人不
能解。

因此

"圣人"总是善于挽救人，

所以没有无用的人；

善于利用物，

故无废弃物。

这叫做隐蔽着的聪明。

所以善人是不善人的老师，

不善人也可作善人的借鉴。

① 馬王堆甲本作"善閉者無關籥而不可啓也"。"關楗"，關鎖門戶的金屬或
木製的器具。

② "繩約"，用繩捆起來。

③ "常"，馬王堆甲、乙本作"恒"。

④ "襲(xí)"，覆蓋，掩藏，不露在外面。"襲明"，馬王堆甲本作"神明"。

⑤ "資"，憑藉，借鑒。老子認爲善人固然可以作不善人的老師，而不善人也
可以作爲善人的借鑒。不善人不是不可以轉變的，所以説"無棄人"。今
天教育學中常用的"師資"一詞最早起於《老子》。

不貴其師，　　　　　　不尊重他的老师，

不愛其資，　　　　　　不珍惜他的借鉴，

雖智大迷，　　　　　　自以为聪明，实为糊涂，

是謂要妙①。　　　　　这就叫做［对人处世的］"诀
　　　　　　　　　　　　窍"。

---

① "要妙"，即"幽眇"，《淮南子·本經訓》"以窮要眇之望"。參看一章"觀
　　其妙"。馬王堆甲、乙本作"眇要"。

二十八章

老子用柔弱、退守的原则来对待生活。他认为这样做就和无为的观点是一贯的。

知其①雄，	虽深知什么是刚强，
守其雌，	却安于弱势的柔雌，
爲天下谿②。	甘作天下的沟溪。
爲天下谿：	甘作天下的沟溪：
常③德不離，	永恒的"德"永不相离，
復歸於嬰兒。	重新到单纯的状态，像婴儿。
知其白，	虽深知什么是光彩，
守其黑，	却安于沉默的地位，

---

① 本章的六個"其"字，都是指的明白這個道理的人，"他自己的""雄雌"、"白黑"、"榮辱"。

② "谿(xī)"，溝溪。

③ "常"，馬王堆甲、乙本作"恒"。

爲天下式①。	甘作平凡的工具。
爲天下式：	甘作平凡的工具：
常②德不忒③，	与永恒的"德"不会差池，
復歸於無極。	回复到最后的真理。
知其榮，	看透了荣誉，
守其辱，	却安于卑下，
爲天下谷④。	甘作天下的沟溪。
爲天下谷：	甘作天下的沟溪：
常⑤德乃足，	永恒的"德"得以充实，
復歸於樸⑥。	回到"质朴"的境地。
樸散則爲器，	"朴"被破坏，分散为具体的东西，

---

① 舊注"式"均作"模式"、"楷式"，細按上下文義，"爲天下谿"、"爲天下谷"都是指的卑下的具體的東西。"式"，即栻，即古代占卜用的器具。可參看二十二章"抱一爲天下式"。

② "常"，馬王堆甲、乙本作"恒"。

③ "忒(tè)"，差錯。

④ "谷"，與上文的"谿"義相同，都是地位低下的比喻。

⑤ "常"，馬王堆甲、乙本作"恒"。

⑥ "樸"，素材。老子有時用樸表示"道"的境界和品格。

聖人用之　　　　　　　　"圣人"在"朴"被破坏了的形势

則爲官①長②，　　　　　实行管理，

故　　　　　　　　　　　所以

大制不割③。　　　　　　用因势利导的管理方式。

十

八

章

---

① "官"，管理。

② "长"，领導。

③ "制"，管理，宰制。"不割"，不出於勉强，强制。

二十九章

这一章继续阐发"无为"的政治思想。他认为人对于客观世界无能为力，只能顺其自然。干任何事情，不能勉强，也不宜过分。

將欲取天下①而爲之，	［谁］要想治理天下并有所作为，
吾見其不得已②。	我断定他不能达到目的。
天下神器③，	"天下"这个怪东西，
不可爲也。	不能勉强作为。
爲者敗之，	谁强做，谁就把事做坏，
執者失之④。	谁把持，谁就把它丧失。
故	所以

①　"取天下"，即治理天下，不是拿的意思。古人的"天下"，範圍只限華夏本土廣大地域，即後來人們所說"國家"，是最高級的行政管理機構，不是指今天所謂全世界。

②　"不得已"，不是我們習慣用作無可奈何的意思，而是"不能達到（不得）罷了（已）"。

③　"神器"，老子首先用作神奇的東西。把神器用作王位，不是老子的原意。

④　馬王堆本作"爲之者敗之，執之者失之"。

（是以圣人无为,故无败;无执,
故无失。)

物或行或随;	一切事物[本来就]有的前行,有的后随;
或嘘或吹;	有的轻嘘,有的急吹;
或强或羸①;	有的强壮,有的瘦羸;
或载或隳②。	有的小挫,有的全毁。
是以	因此
圣人去甚,	"圣人"[必须]去掉那些极端的、
去奢,去泰③。	奢侈的、过分的行为。

---

① "羸(léi)",瘦弱。

② "隳(huī)",毁坏。

③ 馬王堆甲、乙本"去奢"作"去大";"去泰",甲本作"去楮",乙本作"去諸",都是"奢"的同音異體字。

三十章

春秋以来百余个小国,通过兼并战争合并为七个大国(秦、楚、齐、燕、韩、赵、魏)。这种趋势是符合历史发展要求的。战国时期,法家提倡耕战,客观上为国家的统一创造条件。秦的统一,就是在战国七个大国的基础上完成的。战争一方面给人民带来了灾难,但战国时期分散割据的局面要达到统一,除了战争没有其他的途径。孟子反对战争,老子反对战争,墨子也反对战争,他们反对战争的出发点各不相同。而建立统一大国,结束列国纷争的无序状态,诸子百家都有共同的要求,只是手段不同。

以道佐人主者,	用"道"辅助国君的人,
不以兵强天下。	不靠兵力在天下逞强。
其事好還①:	用兵的后果,很快就得到报应:
師之所處,荆棘②生焉,	军队驻扎过的地方,长满了荆棘,

---

① "還",報應,反應,回答。

② "荆棘(jí)",带刺的小灌木,酸棗之類。耕地荒蕪的後果。

大軍之後,必有凶年。 　　大战之后,必有荒年。

善有果①而已, 　　　　　只要达到目的就算了,

不敢以取强。 　　　　　　不敢用武力逞强。

果而勿矜, 　　　　　　　达到了目的不要自大,

果而勿伐②, 　　　　　　达到了目的不要自夸,

果而勿驕, 　　　　　　　达到了目的不要骄傲,

果而不得已, 　　　　　　要认识这不得已的办法,

果而勿强③。 　　　　　　达到了目的就不要逞强。

物壯則老④, 　　　　　　事物壮大了,就要衰老,

是謂不道。 　　　　　　　这(物壮)不是"道"的原则。

不道早已。 　　　　　　　违反"道"的原则,必然提前死
　　　　　　　　　　　　亡。

------

① "果",達到目的,取得成果。不是植物的果實。

② "伐",自誇功績。

③ 楚簡甲本作"以道佐人主者,不欲以兵强於天下。善者果而已,不以取强。
　　果而弗伐,果而弗驕,果而弗矜,是謂果而不强。其事好"。今案,"好"後
　　疑有缺文。

④ 馬王堆甲、乙本作"物壯而老"。

三十一章

　　这一章是上一章的继续,也是反对战争的。文字有点错乱,楚墓竹简本《老子》已经是这样子了。其中"吉事尚左,凶事尚右,偏将军居左,上将军居右,言以丧礼处之"几句话是解释"君子居则贵左,用兵则贵右"这两句话的。

夫唯①兵者不祥之器,	战争啊,不祥的东西,
物或恶之,	谁也厌恶它,
故有道者不處。	所以有"道"的人不接近它。
君子居则貴左,	"君子"平时以左边为上,
用兵则貴右。	用兵打仗时就以右边为上。
兵者不祥之器,	战争这不祥的东西,
非君子之器,	不是"君子"所用的,
不得已而用之,	不得已而用它,

---

① "唯",王弼本作"佳",唐碑本作"唯",此據王念孫校定。馬王堆本作"兵者不祥之器也",無"唯"字,王念孫説是,唯爲發語詞。

恬淡①爲上。　　　　　最好淡然处之。

勝而不美②。　　　　　胜利了，不要自以为了不起。

而美之者，　　　　　　如果自以为了不起，

是樂殺人。　　　　　　这就是以杀人为乐趣。

夫樂殺人者，　　　　　以杀人为乐趣的人，

則不可得志於天下矣。　不可以在天下得志。

吉事尚左，　　　　　　吉庆事以左边为上，

凶事尚右。　　　　　　凶丧事以右边为上。

偏將軍居左，　　　　　偏将军站在左边，

上將軍居右③，　　　　上将军站在右边，

言以喪禮處④之。　　　就是说，打仗要按照办丧礼的仪
　　　　　　　　　　　式对待。

殺人之衆，　　　　　　杀伤那样多，

---

① "恬淡"，馬王堆甲本作"銛(xiān)襲"，是说把兵器的锋芒收敛起。"恬
(tián)"，安静，從容。

② "美"，自以爲很了不起，满意的樣子。

③ "偏將軍居左，上將軍居右"。古代戰爭用車，軍中將軍站在車上，一方面
戰鬥，同時指揮，每一戰車，都有步兵在車的左右參戰並保護主將。

④ "處"，馬王堆甲、乙本作"居"。

以悲哀涖①之，　　　　以哀痛的心情參加，
戰勝以喪禮處之②。　　戰勝了按照辦喪事儀式辦理。

---

① “涖(lì)”，到，到場。王弼本及河上公本作“泣”，誤。馬敍倫據羅運賢改
　　訂。

② 楚簡丙本作“君子居則貴左，用兵則貴右。故曰兵者□□□□□□得已而
　　用之。銛𥃌爲上，弗美也。〈美〉之，是樂殺人。夫樂□□□以得志於天
　　下。故吉事上左，喪事上右。是以偏將軍居左，上將軍居右，言以喪禮居
　　之也。故[殺]□□，則以哀悲蒞之；戰勝則以喪禮居之”。

三十二章

　　本章讲"无为"的政治思想,凡事不要过分,要适可而止。君主要做到谦下无为,不要对下面苛细地要求,就可以得到人们的信任,人们自然地归附。

道常①無名,	"道"永远是无名的,
樸雖②小,	"朴"虽然小,
天下莫能臣③也。	天下沒有谁能支配它。
侯王若能守之,	侯王若能保有它,
萬物將自賓④。	万物将会自动地服从。
天地相合,	天地[间阴阳之气]相合,
以降甘露,	就降下甘露,

①　馬王堆甲、乙本"常"作"恒"。

②　馬王堆甲、乙本"雖"作"唯"。"樸",即"道"。

③　"臣",使之服從,這裏用作動詞。

④　"賓(bīn)",服從。

民莫之令而自均。	人们没有令它均匀，而自然均匀。
始制有名。	有了管理，即有名分。
名亦既有，	名分既制定，
夫亦将知止①。	就适可而止。
知止可以不殆。	知道适可而止，可以避免危险。
譬道之在天下，	"道"在天下的地位，
猶川谷之於②江海③。	正像小河流归附江海那样。

---

① 既然建立了管理名分(政治制度)就不宜苛細。

② "於"，馬王堆甲、乙本作"與"。

③ 楚簡甲本作"道恆亡名，樸雖微，天地弗敢臣，侯王如能守之，萬物將自賓。天地相合也，以逾甘露。民莫之令天〈而〉自均安。始制有名。名亦既有，夫亦將知止，知止所以不殆。譬道之在天下也，猶小谷之與江海"。

73

三十三章

　　这一章强调人要有自知之明，要有克服自己弱点的毅力，这种见解，是难能可贵的品格表现。《老子》讲"知足"，说"死而不亡是长寿"，这种见解也很深刻。现实生活中，有些人虽活着，等于死去；有些人虽死去，他的事业，他的精神还活着。古人曾有三不朽之说："太上立德，其次立功，其次立言。"这三者都是说的人死了，他们的言行、德业在人心中世世代代流传下去。上古人类发明用火，使人们开始熟食的燧人氏；发明建房屋，使人免于住在潮湿的洞穴中的有巢氏；发明畜牧业，驯养家畜的伏羲氏；发明农业种植的神农氏，他们连姓名都没有留下，其造福人类的业绩却永远留在人间。这就是死而不亡，人们长期记着他，这就是长寿。

知人者智，	了解别人的人叫做智，
自知者明。	了解自己的人才是明。
胜人者有力，	战胜别人的人叫做有力，
自胜者强。	克服自己[的弱点]的人才是刚强。
知足者富，	知足的人就富足，

强行者有志，　　　　坚持力行的人有志气，

不失其所者久，　　　　不失立场的人经得起考验，

死而不亡者壽①。　　　　死后而不消失的人才是长寿。

———————

① 馬王堆乙本作"死而不忘(亡)者壽也"。

三十四章

　　这一章是对"道"的歌颂。"道"就在现实生活中,就在身边。有了"道"才有万物。它服务于万物,可以说它是卑下的;万物又归从它,可以说它是崇高伟大的。它奉献不求回报,不以伟大自居,才成其为伟大。

大道氾①兮,	大道像泛滥的河水一样啊,
其可左右。	它周流在身边。
萬物恃之而生而不辭,	万物依靠它生存,而它对万物从不干涉,
功成不名有。	取得成功,却说不出是谁的功劳。
衣養萬物而不爲主,	[它]养护了万物而不自以为主宰,

----

① "氾(fàn)",同泛。水向四處漫流,叫做氾濫。馬王堆乙本"氾"作"渢"。

常無欲^①可名於小；　　从来不求报偿，可以算是渺小；

萬物歸焉而不爲主，　　万物向它归附，而它不自以为主
　　　　　　　　　　　　宰，

可名爲大^②。　　　　可以算是伟大。

以其終不自爲大，　　　由于它不以伟大自居，

故能成其大。　　　　　所以才成其为伟大。

---

① 馬王堆乙本，"萬物歸焉而弗爲主，則恒無欲也，可名於小"。敦煌本、《道
藏龍興碑》本、成玄英《疏》、李榮本、張君相《集注》，都沒有"常無欲"三
字。

② 馬王堆乙本，"可名爲大"，下有"是以聖人之能成大也"，文義較順。

三十五章

　　"道"是万物不可少的,它虽不像其他有形的东西,可以看得到,听得见,说得出,并能满足人们感官的一时享受。它能使人们永远受用不尽。

執大象①,	谁要掌握了大象("道"),
天下往。	全国人投靠他。
往而不害,	[即使全国人向它]投靠而不互相妨害,
安⌢②。	大家过得平安康泰。
樂與餌③,	音乐与美食,
過客止④。	使路人止步。

———————————

① "大象",即是"無象之象",即是"道"。参看四十一章"大象無形"。
② 楚簡丙本"泰"作"大"。"安"通"乃"。
③ "餌",食物。
④ 過路人停下來欣賞音樂歌舞,品嘗美味食品。"道"嘗不出美味,感受不到樂舞那種享受。

道之出口，　　　　　　[但是]"道"，说出来，

淡乎其無味①，　　　　它淡得沒有味道，

視之不足見，　　　　　看它，看不见，

聽之不足聞，　　　　　听它，听不到，

用之不足既②。　　　　用它，用不完。

---

① 楚簡丙本作"故道□□□，淡呵其無味也"。

② 楚簡丙本作"而不可既也"。"既"，盡。

三十六章

这一章表达了老子的辩证法思想,提出了强弱、兴废等互相转化的关系。这也启发了后人把老子的辩证法用于政治权术。北宋时,宰相王安石劝神宗皇帝暂弃熙河地,与西夏国讲和,培养国力。神宗还在犹豫,王安石引用《老子》"将欲取之,必固与之"以说服神宗皇帝。他把这一原则归结为以退为进,"柔弱胜刚强",并把这一原则用于军事和政治。

將欲歙①之,	将要收敛它,
必固②張之;	暂且扩张它;
將欲弱之,	将要削弱它,
必固強之;	暂且增强它;
將欲廢之,	将要废弃它,
必固興之;	暂且兴起它;
將欲取之,	将要夺取它,

---

① "歙(xī)",收敛,收缩。

② "固",暂且。

必固與之①。 暂且送给它。

是謂微明②。 这就叫做深沉的预见，

柔弱勝剛强。 柔弱胜刚强。

魚不可脫③於淵， ［正如］鱼隐藏在深渊之中，

國之利器不可以示人。 国家的有效的武器也不轻易展

示出来。

---

① 馬王堆乙本爲"將欲去之，必固與之，將欲奪之，必固予之"。

② "微明"，看不見的聰明，即深沉的聰明。

③ "脫"，離開。馬王堆乙本，作"説"。

三十七章

老子在政治上反对有为，把"无为而无不为"作为治国原则。人们不要有欲望，社会自然会稳定。这是对当权的统治者讲的。重点是治国之道，在于无为。

道常①無爲　　　　　　　"道"经常是无为的

而無不爲。　　　　　　　而沒有一件事物不是它所为。

侯王若能守之，　　　　　侯王若能保有它，

萬物將自化。　　　　　　万物将自动向他归附。

化而欲作，　　　　　　　[万物自动]归附了，还要有所作为，

吾將鎮之以無名之樸②　　吾将用"无名之朴"来制止它。

無名之樸，　　　　　　　"无名之朴"，

---

① "常"，馬王堆甲、乙本作"恒"。

② "無名之樸"，據帛書，"鎮之以無名之樸，夫亦將無欲"，高亨説可採。"道"的另外一種稱呼。"道"，老子也叫做"無名"，也叫做"樸"。連起來，叫做"無名之樸"。老子認爲"道"是没有名的，又是萬物的總根源（樸）。

夫亦將不①欲。　　　　也不过是制止欲望。

不欲以靜，　　　　　　制止欲望，走向安静，

天下將自定②。　　　　天下将会自然稳定。

---

① "不"，王弼本及河上公本都作"無"。唐碑本、宋范應元本都作"不欲"。
　　與下文"不欲以靜"相聯繫，應當作"不欲"。

② 楚簡甲本作"道恆亡爲也，侯王能守之，而萬物將自化。化而欲作，將鎮之
　　以亡名之樸。夫亦將知足，知以靜，萬物將自定"。

三十八章

　　这一章是"无为而无不为"的进一步阐明。凡是符合"无为"的行为，就符合了"道"，就是"有德"。反之，故意表现"有德"，反倒失去了"德"。"德"与"得"通用。有得于"道"叫做"德"。

　　老子还认为，社会的坏风气，都是由于背离了"道"而引起的后果。他所称赞的淳厚、朴实，都是对当时的虚假浮华的不满。在《老子》的体系中"道"是最高境界，其次是德，依次向下排，仁、义、礼，一层比一层低。

上德不德，	"上德"不把"德"表现在口头上，
是以有德；	因此就是有"德"。
下德不失德，	"下德"死守着"德"的名词，
是以無德。	因此就沒有"德"。
上德無爲而無以爲；	"上德"无为，而无所表现；
下德爲之而有以爲。	"下德"有为，而故意表现。
上仁爲之而無以爲；	"上仁"有所表现，但非故意表现它的"仁"；

上義爲之而有以爲；	"上义"有所表现,并故意表现它的"义"；
上禮爲之而莫之應，	"上礼"有所表现,而得不到回应时，
則攘①臂而扔②之。	就伸拳搂臂,敌对报复。
故	所以
失道而後德，	丧失"道"而后才有"德"，
失德而後仁，	丧失"德"而后有"仁"，
失仁而後義，	丧失"仁"而后有"义"，
失義而後禮。	丧失"义"而后有"礼"。
夫禮者，	"礼"这个东西，
忠信之薄而亂之首。	是忠信的不足,是大乱的开始。
前識者，	所谓先见之明，
道之華而愚之始。	它是"道"的假象,是愚昧的开始。
是以,大丈夫處其厚，	因此,大丈夫立足于淳厚，
不居其薄，	远离虚假，

---

① "攘(rǎng)",揎袖出臂曰攘。
② "扔(rēng)",强力牵拽。

處其實,不居其華。　　立足朴实远离浮华。

故去彼取此。　　　　　所以要舍弃后者［虚假、浮华］,

　　　　　　　　　　　采取前者［淳厚、朴实］。

三十九章

　　这一章从六个方面举例，说明"道"的普遍性、重要性，不论是天、地、神、谷、万物、侯王都离不开"道"。如果失去了"道"，天、地、万物以至侯王就失去存在的根据。

　　"道"虽然不高贵，高贵的东西却不得不以它作为基础。侯王自称为"孤"、"寡"、"不毂"，用这些卑下字眼来称呼自己，这就更显出侯王的高贵。《老子》宣扬处世不要过分拔尖，以柔弱谦下为处世原则。

昔之得一者——	自古得到"一"的〔例如〕
天得一以清，	天得到"一"，因而清明，
地得一以宁，	地得到"一"，因而稳定，
神得一以灵，	神得到"一"，因而神灵，
谷得一以盈，	河谷得到"一"，因而充盈，
万物得一以生，	万物得到"一"，因而孳生，

侯王得一以爲天下
贞①。
——其致之。

侯王得到"一",才可以当国家的
首领。
——他们都从"一"得到他们所
要得到的。
[离开了"一",]

天無以清,將恐裂；　　　天不能保持清明,怕要破裂；

地無以寧,將恐發②；　　地不能保持稳定,怕要震动；

神無以靈,將恐歇③；　　神不能保持神灵,怕要绝灭；

谷無以盈,將恐竭；　　　河谷不能保持充盈,怕要涸竭；

萬物無以生,將恐滅；　　万物不能孳生,怕要灭绝；

侯王無以貴高,將恐　　侯王失去高贵,怕要失国。
蹶④。

故貴以賤爲本,　　　　所以,贵立足于贱,

高以下爲基。　　　　　高立足于下。

① "贞",通"正",首領。河上公本作"正"。據宋范應元注。王念孫説,可参
看。

② "發",震動,波動。

③ "歇",停止,絕滅。

④ "蹶(jué)",跌倒,挫折,失败。侯王的失败,就是亡国。

是以侯王自稱孤①、　　因此，侯王自称为"孤"、

寡②、不穀③。　　　　"寡"、"不穀"。

此非以賤爲本邪？　　这不是贵以贱为根本吗？

非乎？　　　　　　　不是吗？

故　　　　　　　　　所以

致數輿無輿④。　　　追求荣誉就没有荣誉。

不欲琭琭⑤如玉，　　不想作什么高贵的美玉，

珞珞⑥如石。　　　　[宁做]普通的顽石。

---

① "孤"，古代帝王自稱爲"孤"。

② "寡"，古代帝王自稱爲"寡人"。

③ "穀(gǔ)"，善，"不穀"，即不善，古代帝王自稱爲"不穀"。

④ "輿"，即譽，據勞健説。傅奕、范應元本都作"譽"。馬王堆甲本作"與"，
　乙本作"輿"。

⑤ "琭(lù)"，美玉。

⑥ "珞(luò)"，堅石。

四十章

　　这一章讲"反者道之动","道"向着它相反的方面运动。这是老子辩证法的重要观点。但老子认为一切柔弱的东西都可以胜过刚强的东西,把它绝对化了,就把贵柔的原则讲死了。实际生活证明只有新生的事物,虽然当时看起来柔弱,但是它有无限的生命力;没落的事物没有前途,并不能由弱转强。《老子》辩证法的局限性,还有待后人的继续完善。

反者道之動,	走向反面,是"道"的运动,
弱者道之用。	柔弱谦下是"道"的功用。
天下萬物生於有,	天下万物生于"有"[看得见的],
有生於無①。	而"有"由[看不见的]"无"产生。

---

①　楚簡甲本作"返也者,道動也。弱也者,道之用也。天下之物生於有,生於亡"。

四十一章

　　"士"，有文士也有武士，以及是对有学问或某种专长的人的统称。老子把"士"分为上、中、下三类。老子引用了古代的成语，从矛盾的观点来论证退守、不争、柔弱符合于"道"。并认为这种原则是"无为"而无不为。"道"与万物同在，与万物善始善终。

上士闻道，	"上士"听到了"道"的道理，
勤①而行之；	赶快照着实施；
中士闻道，	"中士"听到了"道"的道理，
若存若亡；	将信将疑；
下士闻道，	"下士"听到了"道"的道理，
大笑之②。	［认为空洞］，横加嘲笑。
不笑不足以爲道！	不笑那才希奇！

———————

① 勤，積極。

② "大笑之"，據王念孫説應作"大而笑之"。"大"是空洞而不切實際，與"勤而行之"是平行的句子。據《牟子》及《抱朴子》所引《老子》，都作"大而笑之"。

故建言①有之：　　　　　所以，古人说得好：

"明道若昧，　　　　　　"明显的'道'，好似暗昧，

進道若退，　　　　　　　前进的'道'，好似后退，

夷②道若纇③，　　　　　平坦的'道'，好似崎岖，

上德若谷。　　　　　　　崇高的'德'，好似深谷。

大白若辱④，　　　　　　最光彩好似屈辱，

廣德若不足，　　　　　　广大德好似不足，

建德若偷⑤，　　　　　　健德好似怠惰，

質真若渝⑥，　　　　　　纯真好似庸俗，

大方無隅⑦，　　　　　　最方正，反没有棱角，

---

① "建言"可能是古代的现成的谚语，或歌谣。或以"建言"爲書名，但老子博學，他有意不引古書，此説無據。

② "夷"，平坦。

③ "纇（lèi）"，崎岖，不平坦。

④ "辱"，参看二十八章"知其白、守其黑……知其榮，守其辱"。宋范應元本"辱"字作"黥"，與白對立，意思是污垢，暗昧，也講得通。

⑤ "偷"，怠惰、鬆鬆垮垮。

⑥ "渝（yú）"，改變，不能堅持下去。

⑦ "隅（yú）"，角落，犄角的地方。

大器晚①成,　　　　　　大器物,将最后完成,

大音希聲,　　　　　　　大声音,反而希声,

大象無形。"　　　　　　大形象,反而无形。"

道隱無名,　　　　　　　"道",幽隐而"无名",

夫唯道,善貸②且成③。　"道"于万物善始善终。

---

① 馬王堆甲本,作大器"免成"。與"希聲"、"無形"爲並列,名詞之前都是否定詞。"大器免成",是説大器不需要加工。於義爲順。但通行各本均作"晚成",千百年來已被用作成語,故譯文從通行本。楚簡乙本作"曼成","曼",於音,通"免",韻通"晚",可并存。《老子》原本疑爲"免成"。

② "貸",《説文》:"貸,施也",幫助。馬王堆乙本,作"善始且善成"。敦煌本"貸"作"始"。據于省吾説,景龍本作"夫唯道善貸且善",當脱"成"字。古書"成""終"互訓。"善貸且善成",就是説"道"使萬物善始善終,萬物從始至終都離不開"道"。此章最後五句葉韻應爲成。

③ 楚簡乙本作"上士聞道,勤能行於其中。中士聞道,若聞若亡。下士聞道,大笑之。弗大笑,不足以爲道矣。是以建言有之:明道如字(費),夷道□□□道若退。上德如谷,大白如辱,廣德如不足,建德如□□真如愉。大方亡隅,大器曼成,大音祇聲,天象亡形,道……"

四十二章

　　这一章的前半从"道生一"到"冲气以为和"讲"道"是万物的总根源。这里的道理并不复杂,道生一,一生二,二生三,只说明事物由简单到复杂逐渐分化的过程。前人注解虽多,但失于穿凿,替老子说了一些老子没有说过的话。可供参考,但不能当真。后半讲柔弱、退守,是"道"的原则在政治生活、社会生活方面的具体运用。今天社会上还流行着诅咒坑害人的人"不得好死",两千年前就已经流行了。

道生一①,	宇宙原始处于混沌状态,
一生二,	混沌开始分化,
二生三,	分化再分化,
三生萬物。	产生千差万别的东西。
萬物負陰而抱陽,	万物內涵阴阳对立的势力,

———————

① "一"不是數目的一,而是渾然一體的混沌原始狀態。"二"、"三"也不是數目,而是指混沌原始狀態的逐步分化。

沖氣以爲和①。	阴阳在看不见的气中得到统一。
人②之所惡	人们所厌恶的
唯孤、寡、不穀③。	就是"孤"、"寡"、"不穀"。
而王公以爲稱。	王公们却以这些贬义字称他们自己。
故，物	所以，一切事物
或損之而益；	有时贬低它，它反得到抬高；
或益之而損。	有时抬高它，它反受到贬低。
人之所教，	人们所互相教导的，
我亦教之：	我也用这一原则教人：
"强梁者不得其死"，	"强暴的人不得好死"，
吾將以爲教父。	我要把这一成语作为教人的开始。

_____

① "沖氣"，沖虚的氣，肉眼看不見的氣；馬王堆甲本作"中氣以爲和"，是矛盾對立著的氣。

② 馬王堆甲本作"天下之所惡"。

③ "孤"、"寡"、"不穀"，見本書三十九章注。

四十三章

老子这里又一次讲柔弱胜刚强的道理,讲"无为"的好处,方法是以退为进。

天下之至柔,	天下最柔弱的力量,
驰骋①天下之至坚。	能在最坚硬的实体中穿来穿去。
無有入無間②,	这个看不见的力量,能穿透沒有空隙的实体。
吾是以知無爲之有益。	我因此认识到"无为"的有益。
不言之教,	"不言"的教导,
無爲之益,	"无为"的益处,
天下希③及之。	天下罕能企及。

---

① "驰骋(chěng)",奔跑。

② "無間",没有空隙。

③ 馬王堆甲、乙本作"希能及之矣"。

四十四章

　　老子提倡贵生重己,适可而止,知足的思想,认为这样做可以减少风险,少受损失,最安全。这里反映作为弱势群体的个体农民的处世态度。这种思想流传了几千年,今天还有影响,起作用。

名與身孰親?	虚荣跟生命哪一个更亲切?
身與貨孰多①?	生命跟财产哪一个更重要?
得與亡孰病②?	占有与丧失哪一个更有害?
是故	因此
甚愛必大費,	过分吝惜,破费会更多,
多藏必厚亡③。	储藏丰厚,损失必重大。
知足不辱④,	知足不会遭困辱,

---

① "多",不是多少的"多",而是"尊重"、"重视"的"重"。《漢書・灌夫傳》:"士亦以此多之";《漢書・袁盎傳》:"諸公聞之,皆多盎。"

② "病",有害。

③ 楚簡甲本作"厚藏必多亡"。

④ 楚簡甲本作"故知足不辱"。

知止不殆，　　　　　知止不会遇险，

可以長久。　　　　　可以长保安全。

四

十

四

章

四十五章

　　这一章充分发挥了老子的辩证法智慧。老子认为有些事物表面看来是一种情况，实质上却又是一种情况。表面情况和实际情况有时完全相反。比如，大巧若拙，并不是提倡愚蠢笨拙。大辩若讷，并不认为提倡说话越不清楚越好。孔子也讲，"刚毅木讷近仁"，他们反对浮华不实的作风。这几句话闪耀出老子的辩证法智慧的光芒。可惜这种光辉的辩证法思想，老子没有充分发挥，《老子》中更多的议论是反对知识。本章最后结论归结为清静无为这个总原则。

大成若缺，　　　　　最圆满好似欠缺，

其用不弊。　　　　　其作用不会败坏。

大盈若冲，　　　　　最充实好似空虚，

其用不穷。　　　　　其功能永不穷竭。

大直若屈，　　　　　最正直好似枉屈，

大巧若拙，　　　　　最灵巧好似笨拙，

大辩若訥①。	好辩才好似木讷。
躁②勝寒，	急走能战胜寒冷，
靜③勝熱。	安静能克服暑热。
清靜④爲天下正⑤。	无为清静可以做天下的首领。

四
十
五
章

---

① "訥(nè)"，口才不好。

② "躁"，《説文》作"趮"，疾走叫做"趮"。天冷時，跑跑跳跳可以不冷，與下
文"靜勝熱"對照。

③ 馬王堆乙本作"靓"。

④ 同上。

⑤ "正"，政治上的首領，通"貞"、"政"。馬王堆甲本"可以爲天下正"。楚簡
乙本作"大成若缺，其用不敝。大盈若盅，其用不窮。大巧若拙，大成若
詘，大直若屈。燥勝滄，清勝熱，清靜爲天下正"。

四十六章

老子反对当时社会经常出现的战争。他认为战争是由于诸侯王的不知足、贪心重引起的，只要知足，不贪求别国的土地、财物，就不会发生战争。这里是针对当时诸侯之间的战争来说的，反映了当时农民百姓的反战呼声。只有当权的侯王才有资格发动战争。战胜国和战败国的农民总是受害者。

天下有道，	国家政治安定，
却走馬以糞①。	战马用来种田。
天下無道，	国家政治混乱，
戎馬生於郊②。	怀胎的母马也用来作战。
禍③莫大於不知足，	最大的祸患在于不知足，

---

① "糞"，種田。

② "天下無道，戎馬生於郊"這兩句，據《韓非子·解老》意譯。原來的意思是説，連年作戰，徵用的馬匹太多，戰場上公馬不夠用，連懷胎的母馬也被徵用，以致母馬在戰場上産駒。

③ 馬王堆甲、乙本，"禍"、"咎"均作"罪"。

咎①莫大於欲得。　　　最大的罪过在于贪得无厌。

故　　　　　　　　　　所以

知足之足，　　　　　　满足于"知足"，

常②足矣③。　　　　　　就永远满足啦。

---

① 馬王堆甲、乙本，"禍"、"咎"均作"罪"。"咎"(jiù)，過失，罪過。

② 馬王堆甲、乙本"常"作"恒"。

③ 楚簡甲本作"罪莫厚乎甚欲，咎莫憯乎欲得，禍莫大乎不知足。知足之爲足，此恆足矣"。

四十七章

　　这一章老子再次强调"道"不能用感官接触,要靠静观,玄览。这是老子高明的地方,因此,老子反复强调"道"的抽象性。春秋时代,能超出农民认识的直接经验,是难能超前的。但是,也不宜把感官经验的地位过分贬低,认为毫无用处,这就过分了。

　　科学发达到今天,"不出户,知天下,不窥牖,见天道",已成为普通的常识。今天我们的人如果仍旧提倡"其出弥远,其知弥少",就不对了。读万卷书,与行万里路,同样重要。最后三句是此章的主旨。

不出戶,　　　　　　　不出大门,

知天下①。　　　　　　能知国事。

不闚②牖③,　　　　　　不望窗外[的天空],

----

① 古人的"天下"即全國。

② "闚(kuī)",從小孔隙裏看。

③ "牖(yǒu)",窗户。

見天道①。　　　　　　能识天道。

其出彌②遠，　　　　　走得越远，

其知彌少。　　　　　　所知越少。

是以聖人　　　　　　　因此，"圣人"

不行而知，　　　　　　不必经历就有知识，

不見而名③，　　　　　不必亲见就能明了，

不爲而成。　　　　　　不必去做就会成功。

四
十
七
章

---

① "天道"，日月星辰運行的規律。馬王堆甲本作"不出於户，以知天下，不
　規於牖，以知天道"。乙本作"不出於户，以知天下，不規於牖，以知天道"。

② "彌(mí)"，更加，越。

③ "名"，據《韓非子·喻老》引《老子》作"明"，通用。

四十八章

这是第四十七章思想的继续。老子用"减"（损）的方法对待认识，用意在于摒除感官经验带来的干扰，排除，再排除，最后达到"无为"的境地就算到家了。治理天下也要依据同样的法则，无为而无不为。四十七、四十八两章，互相呼应，应合并参看。

爲學日益，	从事于学识，[知识]一天比一天增加，
爲①道日損②。	从事于"道"，[知识]要一天比一天减少。
損③之又損④，	减少再减少，
以至於無爲。	最后减少到"无为"。

---

① 馬王堆乙本作"聞道者日亡"。

②③④ 馬王堆乙本"損"均作"亡"。

無爲而無不爲①。　　　　　虽然"无为",而没有一件事情不
　　　　　　　　　　　　　　是它所为。

取②天下常以無事,　　　　　治理国家,经常不要勉强,

及其有事,　　　　　　　　　到了非勉强去做不可的地步,

不足以取天下。　　　　　　　就不配掌握天下了。

四
十
八
章

---

① 楚簡乙本作"(爲)學者日益,爲道者日損,損之或損,以至亡爲也。亡爲
　　而亡不爲"。

② "取",治理,掌握。

四十九章

理想中的统治者信任百姓，百姓也信任他。在"圣人"的统治下，百姓生活得很幸福、快乐。做到这一点，关键在于"无为"，使老百姓保持混沌的淳朴状态。

聖人無常①心，	"圣人"没有固定不变的意志，
以百姓心爲心。	以百姓的意志为意志。
善者吾善之，	百姓的意志，善的，我好好对待它，
不善者吾亦善之，	百姓的意志，不善的，我也好好对待它，
德②善。	就得到了善。
信者吾信之，	百姓中，可信的，我信任它，
不信者吾亦信之，	百姓中，不可信的，我也信任它，

---

① 馬王堆甲、乙本"常"作"恒"。"常"，不變，固定。

② "德"，同"得"，即得到。

德①信。　　　　　　　　　就人人得到了信任。

聖人在天下，　　　　　　"圣人"治理天下，

歙歙②爲天下渾其心，　　　使天下人心归于浑朴，

［百姓皆注其耳目］③，　　　［而百姓都全神专注他们的圣
　　　　　　　　　　　　　人］，

聖人皆孩④之。　　　　　　"圣人"像对待婴儿那样对待百
　　　　　　　　　　　　　姓。

四十九章

---

① 同上頁②。

② "歙(xī)"，和順，諧和。"歙歙"，諧和的樣子。

③ "百姓皆注其耳目"，馬王堆甲、乙本、王弼本都沒有這一句，但王弼有對這
　 一句的注解，河上公本有這一句。

④ "孩"，使他們像小孩子那樣，用作動詞。

五十章

　　这是处在弱势地位的农民的人生哲学。这一思想老子的后继者庄子有更系统的阐发。这个世界对弱势群体到处埋伏着危险，生命随时受到威胁。老子教人远离危险，懂得善于自我保护。这样即使遇到凶险的环境，也能安然度过。

出生入死①。	不能生存必然死亡。
生之徒②十有三③，	生存的机遇，占十分之三，
死之徒十有三，	死亡的机遇，占十分之三，
人之生，動④之於死地	活[得好好的]动不动陷入死亡的机遇
亦十有三。	也占十分之三。

---

①　今天我們所用的"出生入死"，是冒著生命危險，不顧個人的安危。《老子》的原意是"人在社會上，不是活就是死"。原意不同，不可混淆。

②　"徒"，王弼注："取生之道"，"徒"與"塗"通，生、死的道路。

③　"十有三"，十分之三。這祇是一種大致的說法，用通常的說法，就是占三成。

④　"動"，往往，經常。現在説"動不動就……"

夫何故？ 这是为什么？

以其生生之厚①。 因为求生的欲望太迫切，[反而达不到目的]。

蓋聞善攝②生者， 曾听说，善于保养生命的人，

陸③行不遇兕④虎， 陆行不受犀牛、猛虎侵害，

入軍不被甲兵。 战阵不会遭到杀伤。

[对于善摄生者]

兕無所投其角， 犀牛用不上它的角，

虎無所措其爪， 猛虎用不上它的爪，

兵無所容其刃。 兵器用不上它的刃。

夫何故？ 这是什么原故？

以其無死地。 因为他没有进入死亡的范围。

五十章

---

① 享受過度優厚，奢侈淫逸，大吃大喝，反而促其早死。

② "攝(shè)"，保養，保護，特別指對身體的養護。

③ 馬王堆甲本作"陵行不辟矢虎"。"陸"作"陵"，指丘陵，山地。

④ "兕(sì)"，犀牛。

五十一章

这一章着重发挥了"道"生万物和无为的思想。"道"以"无为"生养了万物,并不自以为对万物有功。万物在"道"的养育下得到自己的发展。这种品格,老子称为玄德。

道生之,	"道"使万物生长,
德畜①之,	"德"使万物繁殖,
物形之,	体质使万物得到形状,
勢②成之。	[具体的]器物使万物得到成形。
是以	因此
萬物莫不尊道而貴德。	万物没有不尊崇"道"而重视"德"的。
道之尊,	"道"所以被尊崇,
德之貴,	"德"所以被重视,

① "畜",養育、繁殖。
② 馬王堆甲、乙本"勢"作"器"。

夫莫之命而常自然①。	并没有谁来命令，它从来就是这样的。
故道生之，	所以"道"使万物生长，
德畜之；	"德"使万物繁殖，
長之育②之，	使万物成长、发展，
亭之③毒之④，	使万物结果、成熟，
養之覆⑤之，	对万物爱养、保护。
生而不有，	生养了万物而不据为己有，
爲而不恃，	帮助了万物，而不自以为尽了力，
長而不宰，	作万物的首长，而不对它们管制，
是謂玄德。	这叫做深远的"德"。

---

① 馬王堆甲、乙本"常"作"恒"。"自然"，自己如此。

② 馬王堆甲本"育"作"遂"。

③ "亭"，結果實。"亭之"，使……結果實。

④ "毒"，成熟，此處用作動詞。"毒之"，使之成熟。

⑤ "覆"，覆蓋，保護，維護。

五十二章

这一章讲的天下万物的根本——母,就是"道"。老子认为只要坚持"道"这一原则,不要知识,保持谦退,就一生平安。

"明"这个概念在老子哲学中,经常出现,是个肯定的概念,好字眼,涵有智慧、明达的意思。如"知常曰明"(十六章),"自知者明"(三十三章),"不自见,故明"(二十二章),"自见者不明"(二十四章)。此多"明"字,多指内在智慧。老子贵明而贬知。

天下有始,	天下一切事物有其源始,
以爲天下母。	作为一切事物的根本。
既得其母,	已经掌握了万物的根本,
以知其子。	就能认识万物(子)。
既知①其子,	已经掌握了万物,
復守其母,	还必须坚守着万物的根本,
沒身不殆。	就终身没有危险。
塞其兑,	塞住[知识的]穴窍,

---

① 馬王堆乙本作"得"。

閉其門，	关上[知识的]大门，
終身不勤①。	终身不遭祸患。
	[如果相反]
開②其兑，	打开[知识的]穴窍，
濟其事，	完成[知识的]事业，
終身不救③。	终身不可救药。
	[所以说]
見小曰明，	观察深细，称为"明"，
守柔曰强。	保持柔弱，称为"强"，
用其光，	发挥涵蓄着的"光"，
復歸其明，	回到深细的"明"，
無遺身殃；	不给自己带来灾害，
是爲習常④。	这就是不显露的常道。

五十二章

---

① "勤"，據馬敍倫說，應當是"瘫"字。對照下文"終身不救"聯繫起來看，剛
　好一正一反，馬說可採。

② 馬王堆甲、乙本作"启"，不避景帝諱。

③ 楚簡乙本作"閉其門，塞其兑，終身不㞡。启其兑，賽其事，終身不逑"。

④ "習"與"襲"古通用，敦煌本作"襲常"，覆蓋，暗藏。

五十三章

老子这里对当时的当权者提出了尖锐的批判,骂他们是剥削人民的强盗头子(盗竽),他们的行为是不合于"道"的。

使我介然①有知,	假使我准确地有自己的认识,
行於大道,	我就顺着大道走去,
唯施②是畏。	就怕走上斜路。
大道甚夷,	大道很坦直,
而民好徑③。	百姓却贪图走捷径。
朝甚除④,	宫殿整洁,
田甚蕪⑤,	农田荒芜,

① "介然",《荀子·修身篇》:"善在身,介然必以自好也。"楊倞注"介然,堅固貌",是確實相信,毫無懷疑的樣子。今從勞健的解釋。

② "施",是"邪"字,即斜路。從王念孫説。

③ "徑(jìng)",小路,捷徑。

④ "除",整齊清潔。

⑤ "蕪(wú)",長滿亂草。

倉甚虛；　　　　　　仓库空虚，

服文采，　　　　　　[侯王们]穿华丽的衣服，

帶利劍，　　　　　　佩带锋利的宝剑，

厭①飲食，　　　　　　足吃精美的饮食，

財貨有餘，　　　　　占有多余的财富，

是謂盜竽②。　　　　这就叫强盗头子。

非道也哉！　　　　　是多么不合理！

五
十
三
章

---

① “厭(yàn)”，滿足，足夠。“厭飲食”，吃得飽得不願再吃。

② 馬王堆乙本“竽(yú)”作“杅”，王弼本作“誇”，據《韓非子·解老》，“誇”字應是“竽”字。竽是古代合奏音樂中的主導樂器。“竽”先奏，然後樂章開始；竽先停，樂章結束。“盜竽”，是強盜的頭子。

五十四章

　　这一章老子讲"德"的原则给人们带来的好处。修德是治国的基础。自己先修德,然后用这一标准来视察到更大的范围,(家乡、国以至天下)都离不开"德"作为主宰。这里讲的好处,只限于王侯贵族。因为世世代代享受子孙的祭祀的,不是一般的老百姓。又说要贯彻到一乡,一国,以至天下,这显然不是对一般平民说的。本章最后一连用了五个"观"字,都是指反观、静观,不是向外追求,而是向内反观,这是老子独特的思维方式。

善建者不拔,　　　　　善于建立的,不可动摇,

善抱者不脱,　　　　　善于抱持的,不会失脱,

　　　　　　　　　　　[照这样做]

子孙以祭祀不辍①。　　子孙的祭祀永不断绝。

修之於身,　　　　　　把这个原则行于自身,

其德乃真;　　　　　　他的"德"可以纯真;

---

① "辍(chuò)",停止,断绝。

修之於家①，　　　　　贯彻到一家，

其德乃餘；　　　　　　他的"德"可以有余；

修之於鄉，　　　　　　贯彻到一乡

其德乃長；　　　　　　他的"德"可以领导；

修之於國②，　　　　　贯彻到一个城市，

其德乃豐③；　　　　　他的"德"可以丰大；

修之於天下④，　　　　贯彻到全国，

其德乃普。　　　　　　他的"德"可以普遍。

故　　　　　　　　　　所以［要］

以身觀身，　　　　　　从自己来认识自己，

五
十
四
章

---

① "家"，奴隸制下，各諸侯國內分封的大夫的采邑（家），不是平民一家一戶
　　的家庭。

② "國"，春秋戰國時期，國是城鎮（City），不是今天所謂國家（Nation）。馬王
　　堆甲本作"邦"，范應元本作"邦"，乙本避劉邦的名字，改作"國"，《老子》
　　是協韻的，"邦"字在這一章協韻，"國"字不協韻。"邦"、"國"在這裏的意
　　思是一樣的。

③ "豐"，大。

④ 楚簡乙本作"修之身，其德乃真；修之家，其德有餘；修之鄉，其德乃長；修
　　之邦，其德乃豐；修之天下……"

以家觀家①，　　　　从家来认识家，

以鄉觀鄉，　　　　从乡来认识乡，

以國觀國，　　　　从城镇来认识城镇，

以天下②觀天下。　　从全国来认识全国。

吾何以知天下然哉？　我何以知道国家是这样呢？

以此。③　　　　　　就是用以上的方法。

---

① "家"，春秋戰國時期有兩種涵義。第一種涵義的"家"指血緣關係的父母子女家族。第二種涵義的"家"，指諸侯王下屬的一種世襲的封建領主，是諸侯王的下屬一級世襲組織，擁有自己的領地和土地上的一切收入。本章的"家"是指第二種涵義的家，和"道法自然"同樣的思維推理方式。"道"是以自己爲法則推演的。《老子》二十五章有"人法地，地法天，天法道，道法自然"。最高的道，無所取法，以自己爲法。

② 古代"天下"，相當於今天的"國家"。春秋時代人不可能知道華夏中國本土以外的世界，是用已認識的本國情況來觀本國的國情。

③ 楚簡乙本作："善建者不拔，善休者不脫，子孫以其祭祀不屯。修之身，其德乃真。修之家，其德有餘。修之鄉，其德乃長。修之邦，其德乃豐。修之天□下□□□□□□□家，以鄉觀鄉，以邦觀邦，以天下觀天下。吾何以知天□□□□□"。

五十五章

老子崇尚无欲、无为，反对知识。像无知无欲的婴儿那样才算最符合"道"的标准，经常保持柔弱、无知的状态，才可以避免灾祸，违反"道"，则自促死亡。

含德之厚，	包含的"德"的深厚程度，
比於赤子。	应该像无知无欲的婴儿。
毒蟲①不螫，	毒虫不刺他，
猛獸②不据，	猛兽不搏他，
攫鳥③不搏。	恶鸟不抓他。
骨弱筋柔而握固。	［他］骨弱、筋柔，而握力牢固。
未知牝牡之合	他还不知道什么是男女交合

① "毒蟲"，王弼本作"蜂蠆虺蛇不螫"。按下文，"猛獸"、"攫鳥"，都是一般名詞，和"蜂蠆虺蛇"這些類名不一致。這是把"毒蟲"這一詞的注文誤入正文的。現在根據河上公本改爲"毒蟲"。王弼注中正是説"故毒蟲之物無犯……"據成玄英《疏》，蜂、蠍、毒蛇之類。
② 據成玄英《疏》，猛虎之類。
③ 據成玄英《疏》，鷹鷂之類。

而峻作①，	而他的小生殖器常常勃起，
精之至也。	因为他有充沛的精气。
終日號而不嗄②，	他一天到晚号啼,而不显得力竭 声嘶,
和之至也。	因为他平和无欲。
知和曰常，	认识平和叫做"常",
知常曰明。	认识"常"叫做"明"。
益生曰祥③，	贪求丰厚享受叫做灾殃,
心使氣曰强。	欲望支配精气叫做逞强。
物壯則老，	[追求]强壮必致衰老,
謂之不道，	叫做"不道",
不道早已④。	"不道",必促使死亡。

———————

① 馬王堆甲本"峻(zuī)"作"朘","作"作"怒",王弼本作"全",今據河上公本及唐碑本改。因爲這一句分明講的是"牝牡之合"。

② "嗄(shà)",《莊子·庚桑楚》:"兒子終日嗥而嗌不嗄。"啼極無聲爲嗄。

③ "祥",古時用作吉祥;也有時用作妖祥。這裏是指的災殃、妖孽。《莊子·庚桑楚》:"孽孤爲之祥",《左傳》昭公十八年:"將有大祥","祥"字都是指的災禍。

④ 楚簡甲本作"含德之厚者,比於赤子,蜂蠆蟲蛇弗螫,攫鳥猛獸弗扣,骨弱筋柔而捉固。未知牝牡之合然怒,精之至也。終日乎而不憂,和之至也,和曰常,知和曰明。益生曰祥,心使氣曰强,物壯則老,是謂不道"。

五十六章

这一章认为没有知识最高明，指出有知识就带来不利。这种得到"玄同"的人，最值得被天下所重视。

知者不言，	懂得的不[乱]说，
言者不知。	[乱]说的不懂得。
塞其兑，	塞住[知识的]窍穴，
闭其門，	关上[知识的]大门，
挫其鋭，	不露锋芒，
解其紛①，	超脱纠纷，
和其光，	含蓄其光耀，
同其塵，	混同于垢尘，

---

① 馬王堆甲、乙本，其順序爲"和其光，同其塵，銼其兑而解其紛"。"紛"，王弼本作"分"，王弼注按"忿"字注釋。但本章的四句與四章完全相同，應當是"紛"字。唐碑本、馬王堆本及宋范應元本都作"紛"。這四句中的四個"其"字都是指的體會《老子》宗旨的得到"玄同"的人；"道"本身的"鋭"、"紛"、"光"、"塵"，可與四章及五十八章互相参看。

是謂玄同①。　　　　　这就叫做"玄同"。

故　　　　　　　　　　所以［对于"玄同"的人］

不可得而親，　　　　　无所谓亲近，

不可得而疏。　　　　　无所谓疏远。

不可得而利，　　　　　无所谓得利，

不可得而害。　　　　　无所谓受害。

不可得而貴，　　　　　无所谓尊贵，

不可得而賤。　　　　　无所谓卑贱。

故爲天下貴②。　　　　所以得到天下的重视。

---

① 楚簡甲本作"閉其兌，塞其門，和其光，同其塵，挫其鋭，副其巔，是謂玄
　 同"。"玄同"即"道"。參看四章。

② 楚簡甲本作"知之者弗言，言之者弗知。閉其兌，塞其門，和其光，同其塵，
　 副其巔，解其紛，是謂玄同。故不可得天〈而〉親，亦不可得而疏；不可得而
　 利，亦不可得而害；不可得而貴，亦可不可得而賤。故爲天下貴"。

五十七章

这里宣扬老子的"无为"的政治思想。为了保持安定，要"无为"、"好静"、"无事"、"无欲"，总之，就是不要变革，不要有为。

以正治國①，	以正规的政策治国，
以奇②用兵，	以出奇的方略用兵，
以無事取天下。	以无为来治理国家。
吾何以知其然哉？	我何以知道是这样的？
以此：	根据就在于：
天下多忌諱③而民彌④貧；	国家的禁令越多，百姓越陷于贫穷；

① 馬王堆甲本作"邦"，乙本作"國"。

② "奇"，不正常，出奇制勝。

③ "忌諱"，不許说，不許做，即禁令。

④ "彌（mí）"，更加，越。

民多利器,國家滋①昏;　　　　民间的武器越多,国家越陷于
　　　　　　　　　　　　　　　混乱;

人多伎巧,奇物②滋起;　　　　人们的技术越巧,新奇产品越
　　　　　　　　　　　　　　　充斥;

法令滋彰③,盗贼多有。　　　　法令越明细,盗贼越多。

故聖人云:　　　　　　　　　　所以"圣人"说:

"我無爲而民自化,　　　　　　"我无为,百姓自然归顺,

我好静而民自正,　　　　　　　我好静,百姓自然端正,

我無事而民自富,　　　　　　　我无事,百姓自然富足,

我無欲而民自樸。"④　　　　　　我无欲,百姓自然淳朴。"

---

① 馬王堆甲本"國家"作"邦家"。"滋",更加。

② "奇物",奇怪的新産品,即新發明創造的産品,老子認爲發明創造新産品
　　引起人們的欲望,不是好的現象,而是社會混亂的苗頭。

③ "彰",明白。

④ 楚簡甲本作"以正治邦,以奇用兵,以亡事取天下。吾何以知其然也。夫
　　天多忌諱,而民彌叛。民多利器,而邦滋昏。人多知天〈而〉奇物滋起。法
　　物滋彰,盗贼多有。是以聖人之言曰:'我無事而民自富。我亡爲而民自
　　化。我好静而民自正。我欲不欲而民自樸'"。

五十八章

　　这一章显示了不少辩证法观点。老子认为，政治上管得越严，越会遭到人民的反抗，宽松一些，老百姓的不满会少一些。事情往往和人们的主观愿望相反。有时看来是福，反而带来灾祸；有时看来是祸，反而带来幸运。老子认为世界上坏事变成好事，好事又变成坏事，人们无法掌握。

　　面临这种不可知的命运，应当怎么办？老子教人凡事要适可而止，不要做过了头，那就可以避免事物向反面转化，人们无力控制它的发展。这一章的最后四句，老子认为为了防止事物的无限发展，要适可而止。

其政闷闷①，	政策无为宽阔，
其民淳淳②。	百姓纯厚忠诚。
其政察察③，	政策琐细苛严，

---

① "闷闷"，宽大，不是今天的苦闷的意思。馬王堆甲本作"閔閔"。

② "淳淳"，宽厚，忠厚。

③ "察察"，严密，苛酷。

其民缺缺①。　　　　　　百姓牢骚抱怨。

祸兮,福之所倚,　　　　　灾祸啊,幸福靠在它旁边,

福兮,祸之所伏。　　　　　幸福啊,灾祸藏在它里面。

孰知其极②?　　　　　　　谁知道它最后的结局?

其无正③。　　　　　　　　[根本]没有主宰者。

正復为奇,　　　　　　　　正常随时可变为反常,

善復为妖,　　　　　　　　善良随时可变为妖孽,

人之迷,　　　　　　　　　人们的迷惑,

其日固久。　　　　　　　　由来已久了!

是以圣人　　　　　　　　　因此,"圣人"

方而不割④,　　　　　　　方正而不显得生硬勉强,

廉⑤而不劌⑥,　　　　　　有棱角而不会把人划伤,

直而不肆⑦,　　　　　　　正直而不至于无所顾忌,

---

① "缺缺",不满意,抱怨。

② "极",极限,最後。

③ "正",政,即主宰者。

④ "割",生硬,不自然。

⑤ "廉",棱边。

⑥ "劌(guì)",劃伤。劌,马王堆甲本作"刺"。

⑦ "肆(sì)",放肆,无顾忌。

光而不燿①。　　　　　　明亮而没有刺眼的光芒。

———————————

① "燿(yào)",耀,过分明亮,亮得刺眼。

五十九章

　　老子提出了治人、敬天的原则就是一个"啬"字。总的方针是爱养精神,积蓄力量,不该做的事尽量不做。小到个人养生,大到管理国家,都离不开"啬"这条原则。后来的庄子讲"养生",《吕氏春秋》讲贵生,就是沿老子这条思路发展下去的。道教的一些长生措施、理论,也是由此引申出来的。后来的这些流派都与老子有关,但都不符合老子本来的意思,他们走偏了。

治人、事①天	统治人、侍奉天
莫若啬②。	沒有比"啬"的原則更好的了。
夫爲啬,	由于"啬",
是謂早服③。	才能遇事从容,早作准备。

---

① "事",敬奉,伺候。

② "啬",吝啬,该当用的财物捨不得用,一般涵有貶義。老子给以哲學涵義,它有愛惜精神、積蓄力量的意義,與六十七章的"儉"的意義相近。

③ "服"通"備",準備(儲備)。"早服",早作準備。

早服謂之重積德。 早作准备，就是"嗇"的"德"不断的积累。

重積德則無不克。 "嗇"的"德"不断的积累，可无往而不胜利。

無不克則莫知其極。 无往而不胜利，这力量是不可限量的。

莫知其極，可以有國。 不可限量的力量，即可以管理国。

有國之母，可以長久。 有了治国的根本，可以长治久安。

是謂 这就叫做

深根、固柢， 根扎得深、柢生得牢，

長生、久視①之道②。 永远是治人、事天的原则。

五十九章

---

① "視"，活，生活。"久視"即長久活下去，與長生是一個意思。

② 楚簡乙本作"治人事天，莫若嗇。夫唯嗇，是以早，是以早服是謂……不克則莫知其互〈亟（極）〉，莫知其互〈亟（極）〉可以有國。有國之母，可以長……長生久視之道也"。

六十章

老子认为治理天下，要"无为"。"无为"可以使人认识清醒，遇到少见的事物，不至于惊慌失措。如果有所作为，那就会给一些坏势力以可乘之机，从而造成危害。这一章的纲领是治大国，在于不扰民，不琐碎生事。也就是老子常说的"镇之以无名之朴"。有些不正常的现象，不去理它，它自己也就自然消散淡化了。汉朝初年，大乱之后，刘邦用曹参在齐国为相，是用这个方针，齐国生产得到恢复。萧何死后，曹参调到长安，继萧何为相，仍然以"无为"方针治理全国，全国受益，就是"治大国者若烹小鲜"的具体运用。下面讲的"其鬼不神"，是治大国的具体例证。主旨正像今天人们常说的，"见怪不怪，其怪自败"。"治大国若烹小鲜"，是这一章的纲领。

治大國若烹小鮮①。	治理大国，要像煎小鱼那样[不要常常扰动它]。
以道蒞②天下，	用"道"来治天下，

---

① "小鲜"，小鱼。

② "蒞(lì)"，临。见三十一章注。

其鬼①不神②。	就可以不受异常事变的干扰。
非其鬼不神，	并不是异常事变不起作用，
其神不傷人。	而是它起的作用不能害人。
非其神不傷人，	并不是它起的作用对人无害，
聖人亦不傷人。	而是由于"圣人"根本不理会这类事变，
夫兩不相傷，	这样，异常事变与正常秩序互不相干，
故德交歸焉。	所以都感佩"圣人"的德。

六十章

---

① "鬼"，據章太炎考證，即"夔"字，爲人形的怪獸名，似人而非人。"鬼"
"夔"同音。"高宗伐鬼方"，稱外國爲"鬼方"，視爲异類，今人仍有稱外
國人爲"鬼子"者。引申義，泛指异常之事，异常之物，均與"鬼"音相近，
魁、偉、瑰、等均有非同尋常義。後之注《老子》者，多用唐宋以後的鬼神
義，失原旨，故均不取。

② "神"，起作用。不是神仙、神靈的神。

六十一章

　　这一章讲的是老子以柔弱谦下精神处理大国与小国的关系。春秋战国时期，列国林立，当时各国之间的兼并战争频繁，这里老子讲的大国领导小国，小国侍奉大国，是希望维持现状，不要战争。老子主张反映农民的反战愿望。

　　经过兼并战争，有几十个小国被兼并。到了战国，兼并战争加剧，许多思想家、政治家大声呼吁反对战争，如孔子、墨子、老子、孟子都反对战争，只有法家倡导战争，事实上战争还是连年不断。历史的发展趋势是建立一个多民族统一的大国，只有天下统一后，才可能从根本上消灭各诸侯国之间的连年战争。秦汉统一后，果然消灭国内的战争。老子站在小农立场反对战争，他的主张和用心是善良的。老子以善良的心推测好战的大国的君主。诸侯们都是自私的，贪得无厌的，决不满足于小国的服从，而是消灭小国，统一天下。"大国不过欲兼畜人"，这个前提就错了。个体农民的想法无法理解大国君主的野心，小农容易知足，大国霸权从来不知足。

大國①者下流,	大国居于下流[像百川归附江海那样],
天下之交②,	[它]为天下所归附,
天下之牝③。	[它]自居于天下雌性的地位。
牝常以靜勝牡④,	雌性所以经常以安静战胜雄性,
以靜爲下。	就在于它安静而居下。
故大國以下小國,	所以大国要对小国谦下,
則取小國。	即可取得小国的信赖。
小國以下大國,	小国要对大国谦下,
則取大國。	就能取得大国的信任。
故	所以
或下以取,	作为大国要以谦下取得小国的信赖,

———————

① 馬王堆甲本"國"作"邦"。

② "交",會集,匯總。政治上講,就是歸附。

③ "牝(pìn)",雌性。

④ "牡(mǔ)",雄性。

或下而取①。

作为小国要以谦下取得大国的信任。

大國不過欲兼畜人，

大国无非要领导小国，

小國不過欲入事人。

小国无非要求奉承大国。

夫兩者各得所欲，

那么大小国都满足了要求，

大者宜爲下。

大国应该谦下。

---

① "下以取"、"下而取"，根據易順鼎《讀老子札記》，兩者的意思有所不同。

六十二章

这一章讲"道"的好处和用处。"道",好人离不了它,不善人也离不了它。如果把"道"来作为礼物,那应该是最贵重的礼物,比驷马、拱璧贵重得多。因为有了"道",有求即可得到,遇到灾祸也能避免,所以"道"被天下人所看重。

道者,萬物之奧①,	"道"是万物深藏的地方,
善人之寶,	[它是]善人的法宝,
不善人之所保②。	不善人所要保持的。
美言可以市尊,	漂亮的言词能换取别人的敬仰,
美行可以加人③。	漂亮行为能高居人上。

---

① "奧(ào)",深,不容易被看见的地方,馬王堆甲、乙本均作"注"。

② "不善人之所保",根據馬叙倫説。

③ "市",做换取、收買。王弼本及河上公本作"美言可以市,尊行可以加人",没有後一個"美"字,今據《淮南子·道應訓》、《人間訓》補。"加人",凌駕於別人之上。

人之不善，	［即使］人不善的行为，
何棄之有①？	哪能把它(道)舍弃？
故	所以
立天子，	天子即位，
置②三公③，	大臣就职，
雖有拱璧④	虽有拱璧在先
以先駟馬⑤，	驷马随后［这样隆重］的仪式，
不如坐進⑥此道。	还不如［不用仪式］单把"道"作为赠礼。
古之所以貴此道者何？	从古以来为什么对"道"这样重视？
不曰	岂不是说，［有了道］

---

① "何棄之有"，参看二十七章"無棄人"。
② "置"，設置。
③ "三公"，古代天子以下，朝廷裏三個最高的大官的職位。
④ 馬王堆甲本作"雖有共之璧以先四馬，不善坐而進此"。"拱璧"，圓鏡形中有圓孔的玉，古代很貴重的禮品。
⑤ "駟(sì)馬"，四匹馬駕的車，古代只有天子、大臣才能乘坐。
⑥ "進"，古代地位低的送給地位高的人東西，叫做"進"。

以求得，　　　　　　　有求即能得到，

有罪以免邪？　　　　　有过失就可避免吗？

故爲天下貴①。　　　　所以被天下所重视。

六
十
二
章

①　"貴"，《初學記》引《説文》，汝、穎一帶，"貴"讀爲歸，老子集方言，應該爲

歸，有歸依、歸附之意，當釋爲爲天下所歸附。亦通。

六十三章

　　这一章前半讲"无为"和以德报怨的宽容思想。后半讲事物难和易、大和小的互相转化，看问题要看到它的正面和反面，只看到容易的一方面，而不看困难的一方面，必然遇到更大的困难；只有对困难有足够的重视，才能避免困难。这些老谋深算的经验之谈发人深思。

爲無爲，	把无为当作为，
事無事，	把无事当作事，
味無味。	把无味当作味。
大小多少，	不计较人家对我恩怨多少，
報怨以德。	我总是以"德"相报。
圖①難於其易；	克服困难，要从容易时着手；
爲大於其細。	干大事业，要从细微处开始。
天下難事，	天下的难事，
必作於易，	一定开始于容易；

―――――――――

① "圖"，計劃，規劃。

天下大事，　　　　　　天下的大事，

必作於細。　　　　　　一定开始于微细。

是以聖人終不爲大，　　因此"圣人"做事总是不从大处

　　　　　　　　　　入手，

故能成其大。　　　　　所以能办成大事。

夫輕諾①必寡信，　　　允诺得太随便,势必信用破产,

多易必多難。　　　　　把事情看得太容易,必遇到更大

　　　　　　　　　　困难。

是以聖人猶難之，　　　因此,连"圣人"还不敢轻视困

　　　　　　　　　　难,

故終無難矣②。　　　　所以他不会有困难。

六十三章

---

① "諾(nuò)",允許,表示同意。

② 楚簡甲本作"爲亡爲,事亡事,味亡味。大小之多易必多難。是以聖人猶
　　難之,故終亡難"。

六十四章

这一章提出任何事物的出现总有一个过程。大的东西,是从细小的东西发展来的,老子为了防止事物变到它的反面,提醒人们要在坏事刚刚出现某些苗头时,及时预防,免得事发之后不好收拾。

为了避免工作失败,最好不轻举妄动;为了避免损失,最好不占有。老子教人不要轻举妄动,表现了处于弱势的古代小农意识的局限性。本章所说任何工作都要有一定的基础,对任何工作,从头到尾要一丝不苟,都是前人的经验总结,是至理名言。

其安易持①,　　　当事物还稳定时,它的稳定容易维持;

其未兆②易谋;　　　当事物变化迹象不明显时,容易打主意;

---

① "持",保持、维持。

② "兆",苗头、微兆。"未兆",尚未出现的苗头。

其脆易泮①，	当事物还脆弱时，容易消融；
其微易散。	当事物还微弱时，容易打散。
爲之於未有，	要在事变还未发生前先把它办妥，
治之於未亂。	要在事物还未混乱之前先把它理顺。
合抱之木，	合抱的大树，
生於毫②末；	产生于细小的萌芽；
九層之臺③，	九层的高台，
起於累④土；	从一堆泥土筑起；
千里之行，	千里的远行，
始於足下⑤。	在脚下第一步开始。

---

① "泮(pàn)"，散，解。

② "毫"，細小。

③ "臺(tái)"，古代建築物，不蓋屋頂的高層建築，考古發現國家最高規格祭壇和國王宮殿都有九層臺階，可供人們眺望。

④ 馬王堆甲、乙本作"作於虆土"。"虆(léi)"，堆積。

⑤ 楚簡甲本作"其安也，易柒也。其未兆也，易謀也。其脆也，易判也。其幾也，易散也。爲之於其亡有也。治之於其未亂。合□□□□□末，九成之臺甲□□□□□□□□足下"。

為者敗之，　　　　　谁有为做，谁就失败；

執者失之。　　　　　谁要把持，谁就丧失。

是以，聖人　　　　　因此，"圣人"

無爲，故無敗；　　　能"无为"，就不会失败；

無執，故無失。　　　不把持，就不会丧失。

民之從事，　　　　　人们所做的事，

常於幾①成而敗之。　　总是失败于快成功的时候。

慎終如始，　　　　　若结束时能像开始时那样慎重，

則無敗事。　　　　　就不会把事情办坏。

是以聖人欲不欲，　　因此，"圣人"的欲望就是无欲，

不貴難得之貨；　　　不看重稀有的物品；

學不學，　　　　　　[圣人]的学问就是不学，

復②衆人之所過，　　以纠正众人所经常犯的过错。

以輔③萬物之自然，　　辅助万物自然发展，

---

① 馬王堆乙本"常"作"恒"。"幾(jī)"，差不多，快要。

② "復"，補救，彌補。

③ 馬王堆甲、乙本"以"作"能"。"輔"，輔助，協助。

而不敢爲^①。　　　　不敢勉强去做。

---

① 楚簡甲本"爲者敗之，執者失之……而不敢爲"一段作"爲之者敗之，執之
者遠之。是以聖人亡爲故亡敗；亡執故亡失。臨事之紀，慎終如始，此亡
敗事矣。聖人欲不欲，不貴難得之貨，教不教，復衆之所過。是故聖人能
輔萬物之自然，而弗能爲"。楚簡丙本作"爲之者敗之，執之者失之。聖人
無爲，故無敗也；無執，故□□□。慎終若始，則無敗事矣。人之敗也，恆
於其且成也敗之。是以□人欲不欲，不貴難得之貨；學不學，復衆之所過。
是以能輔萬物之自然，而弗敢爲"。

六十五章

这一章表述了老子的愚民主张,认为人民的知识多了,就不易统治,老百姓越无知越好。这和三章讲的对待人民要"虚其心,实其腹,弱其志,强其骨"的观点一致,可互相补充。历代统治者,对老子这一主张很欣赏,基本上是照着办的。

古之善爲①道者,	古时有"道"的人,
非以明民,	不是用"道"教人聪明,
將以愚之。	而是用"道"教人愚昧。
民之難治,	百姓所以难统治,
以其智多②。	由于他们知识多。
故以智治國,	所以用智治国,
國之賊③;	是国家的灾害;

---

① "古之善爲",馬王堆甲本作"故曰"。

② "智多",景龍本、敦煌辛本均作"多智",意義相同。

③ "賊",傷害。

不以智治國，　　　　不用智治国，

國之福。　　　　　　是国家的福气。

知此兩者亦稽式①。　认识这两者(用智和不用智)原

　　　　　　　　　　则还是一个。

常②知稽式，　　　　永远贯彻这一原则，

是謂玄德③。　　　　就叫做"玄德"。

玄德深矣，遠矣，　　"玄德"深奥啊，久远啊，

與物反矣。　　　　　与世俗经验相反啊，

然後乃至大順④。　　然后得到最大的通顺。

---

① "稽(jī)式"，即法則。有許多本作"楷式"。稽式也就是楷式。

② "常"，馬王堆甲、乙本作"恒"。

③ "玄德"，深奧、玄遠，非感官所能直接感受，看不見，故稱玄德。

④ "大順"，與"道"的原則完全不違背，故通順。

六十六章

这一章表达了老子统治人民的权术。为了统治人民,要在言辞方面表示谦虚;为了居前,先要居后。用"不争"作为手段,以取得他要争取达到的目的。

江海之所以	江海之所以
能爲百谷王者,	能成为一切小河流的领袖,
以其善下之,	由于它安于处在众多小河流的下游,
故能爲百谷王①。	所以能做众多小河流的领袖。
是以	因此
欲上民②,	要统治百姓,
必以言下之;	必先用言辞,对百姓表示谦虚;

---

① 楚简甲本作"江海所以爲百谷王,以其能爲百谷下,是以能爲百谷王"。

② 馬王堆甲"欲上民"前有"聖人之"三字。意思更明確。"上民",把自己摆在人民之上,即統治人民。

欲先民①，　　　　　要领导百姓，

必以身後之。　　　　必把自己放在百姓之后。

是以聖人　　　　　　因此"圣人"

處上而民不重②，　　在百姓之上[统治]，而百姓不感

　　　　　　　　　　到有负担；

處前而民不害③。　　在百姓之前[领导]，而百姓不认

　　　　　　　　　　为有妨碍。

是以天下樂推而不厭④。　因此，天下百姓对他爱戴而不厌

　　　　　　　　　　弃。

以其不爭，　　　　　因为他不跟人争，

故天下莫能與之爭⑤。　所以天下没有人敢和他争输赢。

六十六章

----

① "先民"，站在人民前面，即领导人民。

② "重(zhòng)"，压迫，负担。

③ "害"，妨害。

④ "厭"，不喜欢，嫌恶。

⑤ 楚简甲本作"聖人之在民前也，以身後之；其在民上也，以言下之。其在民
上也，民弗厚也；其在民前也，民弗害也。天下樂進而弗厭。以其不爭也，
故天下莫能與之爭"。

六十七章

这一章是"道"在政治、军事方面的具体运用。老子提出"三宝",其根本精神是以退为进,不出头,不抢先。所以老子认为能退守才算勇敢;能收缩才能开展;不出头抢先,才能走在最前面。如果违背了这三条原则,就会遭到失败。老子把柔弱、谦退看作最高原则,重视退让,轻视进取,把对立统一的关系看死了,终于损害了辩证法。

天下皆謂我道大,	天下人都说我的"道"广大,
似不肖①。	不像任何具体的东西。
夫唯大,故似不肖。	正因为它广大,所以不像任何具体的东西。
若肖,	若它像任何具体的东西,
久矣其細也夫!	它早就渺小得很了!
我②有三寶,	我有三种法宝,

———————

① "肖(xiào)",像,相似。

② 馬王堆甲、乙本爲"我恒有三葆"。

持而保之：	我运用并保有它：
一曰慈①，	第一是"宽容"，
二曰儉②，	第二是"啬俭"，
三曰不敢爲天下先。	第三是"不敢走在天下人的前面"。
慈，故能勇，	［能］宽容，所以能勇敢，
儉，故能廣，	［能］啬俭，所以能宽广，
不敢爲天下先，	［能］不敢走在天下人的前面，
故能成器③長。	所以能做事物的首长。
今	现在［有些人］
舍慈且勇，	舍去宽容，只求勇敢，
舍儉且廣，	舍去啬俭，只求宽广，
舍後且先④，	舍去退让，只求抢先，
死矣。	死定啦！
夫慈，	宽容，
以戰則勝，	用于战争就能胜利，

六十七章

---

① "慈"，宽容。這裏不是仁慈的意思。

② "儉(jiǎn)"，啬，吝啬，退缩，保守。

③ 馬王堆甲本作"故能爲成事長"。

④ 馬王堆甲、乙本作"舍其慈且勇，舍其儉且廣，舍其後且先"。

以守则固。 用于守卫就能巩固。

天将救之, 天要拯救谁,

以慈卫之。 就用宽容来保卫谁。

六十八章

　　这一章讲战略战术，主张以退守为原则，要借用敌人的力量，而不要与敌人正面冲突，要以不争达到争的目的。老子认为这是从来就有的准则。处于弱势群体，可以从中得到启示，这种战略战术，今天仍不失其价值。

善爲士^①者不武；	高明的"士"，不逞勇武；
善戰者不怒；	善战的人，不靠忿怒；
善勝敵者不與^②；	善胜敌者，不被敌人缠住；
善用人者爲之下。	善用人者，对下谦虚。
是謂不爭之德，	这叫做不争的"德"，

---

① "士"，王弼注："士，卒之帥也"，是士兵的領導人，即武士。我國古代，文的武的都叫"士"。

② "與"，根據王念孫及勞健《老子古本考》的解釋。《史記·燕世家》："龐暖易與耳"；《白起傳》："廉頗易與"；《淮陰侯傳》："吾平生知韓信爲人，易與耳"；《漢書·高帝紀》："吾知與之矣"。"與"都是"應付"、"對付"的意思。

是謂用人之力①,　　　这叫做四两拨千斤,

是謂配天,　　　　　这就是与天道配合,

古之極②。　　　　　从来就有的准则。

---

① "用人之力",是古代的成語,專指借用對方的力量求得自己的勝利。此句

　用今天成語,意譯,較恰當。

② "極",標準,準則。

六十九章

　　这是第六十八章的继续,以退为进,以守为主,总以取胜为目的。临战不可轻敌,两军军力相当,悲愤的一方获胜。"哀兵必胜",这句成语源于《老子》。这些经验值得重视。

用兵有言:	用兵的说得好:
「吾不敢爲主①,而爲客②;	"我不敢取攻势而取守势,
不敢進寸,而退尺。」	不敢前进一寸,宁可退一尺。"
是謂	这就叫做
行無行③,	没有阵势可以摆,
攘④無臂,	没有膊臂可以举,
扔⑤無敵,	没有敌人可以对,

---

① "主",戰爭時的主動進攻,攻勢。

② "客",戰爭時的被動防守,守勢。

③ "行(háng)",行列,擺開陣勢。"是謂行無行"等四句,馬王堆本作"是謂行無行,攘無臂,執無兵,乃無敵矣",文從字順,意義也明確。

④ "攘(rǎng)",舉起。

⑤ "扔(rēng)",對抗。

執無兵。　　　　　没有兵器可以执。

禍莫大於輕敵，　　危害莫大于轻敌人，

輕敵幾喪吾寶①。　轻敌要丧失了我的"三宝"。

故抗②兵相加③，　双方军力相当时，

哀④者勝矣。　　　悲愤的一方必胜。

---

① "寶"即六十七章的"三寶"（慈、儉、不敢爲天下先）。"喪吾寶"，根據唐成
玄英《道德經意疏》的解釋。

② "抗"，相對等，對抗，指交戰雙方。

③ "加"字應是"如"字的誤寫，馬王堆甲、乙本均作"若"，唐碑本或作"若"，
足證是"如"字。

④ "哀"，沉痛，悲憤。

七十章

　　老子深为他曲高和寡感到苦闷。这是古今哲人常有的孤愤心态,因为他们提出问题,在当时一般人的见识尚未达到他的境界,不被理解。孔子一生遭遇也很不顺利,被嘲笑,被围攻。墨子到处游说,没有多少人相信他。也有的哲学家生前被埋没,死后若干年才被重视起来,如汉代的王充,西方的斯宾诺莎等。这也算古今哲人见识超前共同的苦闷。

吾言甚易知,	我的话很容易理解,
甚易行。	很容易实行。
天下莫能知,	全国竟没有人能理解,
莫能行!	竟没有人能实行!
言有宗①,	议论要有纲领,
事有君。	做事要分主从。
夫唯无知,	由于人们的无知,
是以不我知。	彼此难以沟通。

---

①　馬王堆甲本作“言有君,事有宗”。“宗”,綱領,宗旨。

知我者希，　　　　　能理解我者稀少，

则①我者贵。　　　　能效法我者难逢。

是以聖人　　　　　　因此，"圣人"［不被理解］，

被褐②懷玉。　　　　［恰似］粗衣罩在外，美玉揣怀中。

_____

① "则"，以爲榜樣，傚法。

② "褐(hè)"，粗布衣服，古代貧苦人的衣服。

七十一章

　　老子讲的这些道理与西方古希腊哲人的认识进程大致相当。古希腊哲人苏格拉底随时提醒人们要知道自己的无知。老子、孔子都有类似的言论。应当是人类自我意识发现的一种普遍经历，老子时代略早于苏格拉底，他们大致体现了东方西方人类认识进程深化的标志。

知不知上①，	知道自己无知，最好，
不知知病，	无知而自以为有知，就是病，
夫唯病病，	能把这种［无知自以为有知］的病当作病，
是以不病。	所以不病。
聖人不病，	"圣人"［之所以］不病，
以其病病，	因为他把这种［无知以为有知］病当作病［对待］，
是以不病。	所以他不病。

---

① 馬王堆甲本作"知不知尚矣，不知不知，病矣"。

七十二章

老子反对统治者对老百姓施行高压,以威力相胁迫。同时提出不要阻塞老百姓的生路。统治者即使做出了成绩,也要谦虚,不能沾沾自喜表现自己。

民不畏威,	百姓不怕[统治者的]威力的时候,
则大威至①。	那么更可怕的事就要发生了。
无狎②其所居,	不要逼迫得百姓不得安居,
无厌③其所生。	不要阻塞百姓谋生的道路。
夫唯不厌④,	只有[对百姓]不压迫,

———————

① "民不畏威,则大威至",這句話的解釋從勞健説。

② "狎(xiá)",王弼按"狭"字注解。唐碑本均作"狭",即逼迫,壓迫。

③ "厭(yàn)",阻塞。

④ "厭(yà)",同"壓",即壓迫。高亨説,下"厭"字同六十六章的"天下樂推而不厭"的厭。可參看。

是以不厭①。	［百姓］才会不感到压迫。
是以聖人	因此，"圣人"
自知不自見②，	但求自知，而不自求表现，
自愛不自貴。	但求自爱，而不自居高贵。
故去彼取此。	所以要舍弃后者（自见、自贵）而保持前者（自知、自爱）。

七十二章

---

① 同上页④。

② 馬王堆乙本作"自知而不自見也，自愛而不自貴也"。"見（xiàn）"，同"現"，表现。

七十三章

　　这一章阐明贵柔雌的思想。老子认为一切都是自然安排好的，人只能随顺自然，不要去争什么，也不要说什么，这样不会吃亏。有所作为倒会招来不利的后果。

勇於敢，則殺，	勇敢到一切不怕，是找死，
勇於不敢，則活。	勇敢到有所"不敢"，就有活路。
此兩者或利或害。	这两种勇敢［的结果］，有的得利，有的受害。
天之所惡①，	天所厌恶的，
孰知其故？	谁知道它的原故？
"是以聖人猶難之②。"	连"圣人"也难说得明白。
天之道	天的"道"
不爭而善勝，	不争而善于获胜，

------

① "惡（wù）"，不喜歡。

② "是以聖人猶難之"這一句可能是古代的注解入正文的，易州龍興碑和敦煌卷子本都沒有這一句。

不言而善應，　　　不说而善于回应，

不召而自來，　　　不召而自动到来，

繟①然而善謀。　　　谋划迟缓而周密。

天網恢恢②，　　　天网广大，

疏而不失。　　　网孔稀疏，却没有漏网者。

① "繟(shān)"，缓慢。

② "恢(huī)"，廣大，空。

七十四章

老子看到用死来吓唬百姓没有用,杀人并不能真正使百姓信服。所以才提出要由懂得治国的人来治国,老百姓才信服。治理国家,要小心慎重,武力镇压是不行的。

民不畏死,	百姓不怕死,
奈何以死①懼之?	为什么用死来吓唬他们?
若使民常②畏死,	如果百姓果真怕死,
而爲奇③者,	对那些捣乱的人,
吾得執而殺之,	我把他们抓来杀掉,
孰敢?	谁还敢再捣乱?
常④有司殺者殺。	经常有专管杀人的去杀。

---

① 馬王堆甲、乙本"死"作"殺"。

② 馬王堆甲、乙本"常"作"恒"。

③ "爲奇",搞反常活動。

④ 馬王堆甲、乙本"常"作"恒"。

夫代司殺者殺，　　　取代专业司法人员管刑法，
是謂代大匠斲①。　　　正如同代替专业建筑师砍建房
　　　　　　　　　　的木材。

夫代大匠斲，　　　　代替专业建筑师（木匠）砍木材，
希有不傷其手者矣。　　很少不砍伤自己的手的啦。

① "斲(zhuó)"，用斧子砍木頭。

七十五章

这一章警告统治者不要逼得人民活不下去，不要剥削过重。人民造反是统治者逼出来的。老子警告那些统治者不要只顾保养自己的生命，不管人民的死活。

先秦诸子中，只有老子对农民生活最关心，批评当时的统治者最激烈。孔、孟学派也同情农民，他们劝告国君发善心，施仁政，为君主着想得多。孔、老殊途同归，立场有差别。法家把农民当作耕田、作战的工具，与老子、孔子有根本的差异。

孔、墨、老、庄、申、韩，有一个共同点，就是希望天下统一，建立一个有秩序的社会。他们从不同角度，代表不同的人群，为后来秦汉大一统提供蓝图作思想探索。

民之饑①，　　　　　　人民之所以陷于饥荒，
以其上食税之多②，　　由于统治者租税太重，

---

① "饑"與"飢"這兩個字有不同的涵義。"饑"是指灾荒造成的荒年；"飢"是指肚子感到饿，缺少食物。

② 馬王堆甲、乙本作"人之饑也，以其取食税之多也"。

是以饑。　　　　　　　　才陷于饥荒。

民之難治，　　　　　　　百姓之所以不服管理，

以其上之有爲①，　　　　是由于统治者喜欢有为，

是以難②治。　　　　　　因而不服管理。

民之輕③死，　　　　　　百姓之所以敢犯法，

以其上求生之厚，　　　　是由于统治者只顾奢华享受，

是以輕死。　　　　　　　才逼得百姓铤而走险。

夫唯無以生爲者，　　　　不看重厚于保养生命的人，

是賢於貴生。　　　　　　比看重厚于保养生命的人要高

　　　　　　　　　　　　明。

---

① 馬王堆甲、乙本作"百姓之不治也，以其上有以爲也"。

② 馬王堆甲、乙本"難"作"不"。

③ "輕"，看輕，不重視。

七十六章

这一章老子归纳出一条普遍原理：柔弱的东西最强大；强硬的东西最脆弱，接近死亡。他举出人活着身体柔软，死后尸体僵硬；草木活着枝干柔软，死了枝干坚硬。他认为强硬接近死亡，柔弱才有生命力。老子把这一观点用于观察社会，指导生活，从而形成他的贵柔的思想。此种看法有它的深刻处，也有它的片面性。新生的事物即使目前柔弱，以后会强大，老子的观点是对的；如果是腐朽的事物，不论它目前是强大还是柔弱，只有死亡一途。老子把弱能胜强的原则绝对化，成一家之言，但不能认为绝对正确。

人之生也柔弱，	人活着时身体是柔软的，
其死也坚强。	他死后身体变得僵硬。
萬物草木之生也柔脆，	万物草木活着时枝干柔软，
其死也枯槁。	它死后枝干变得枯槁。
故	所以
堅强者死之徒①，	坚强的东西归于死亡一类，

---

① "徒"，类。

柔弱者生之徒。	柔弱的东西归于生存一类。
是以	因此
兵强则灭①，	军队强大了必将失败，
木强则折②。	树木强大了必将摧折。
堅强處下③，	坚强占劣势，
柔弱處上④。	柔弱占优势。

七十六章

---

① "灭"，王弼本作"不勝"。

② "折"，王弼本作"兵"。《淮南子·原道训》、《列子·黄帝篇》都引作"兵强则灭，木强则折"。《文子·道原篇》作"兵强即灭，木强即折"。参看馬叙倫说。

③ 馬王堆甲本作"强大居下，柔弱微細居上"，乙本作"微細居上"。"下"，劣势。

④ "上"，優勢。

七十七章

这一章用天道和社会现象对比。老子认为天道最公平，而社会现象则不如天道公平，这种不公平会引起社会的不安。老子看到当时的社会存在着危机。他的解决方案是"无为"，告诫统治者不要居功，不要自我表现。天道是来于自然现象的规律，社会现象是人群活动的反映，用作比喻是可以的，当作规律，则不妥。自然规律、社会规律毕竟是两个领域，不能类比。

天之道，	天的"道"，
其犹張弓歟？	不很像［射箭瞄准］拉开的弓吗？
高者抑之，	高了就把它压低，
下者舉之，	低了就把它上举，
有餘者損之，	过满了就减些力，
不足者補之。	不满时就加些力。
天之道，	天的"道"，
損有餘而補①不足。	减少有余的一方，用来补给不足的

———————

① 馬王堆甲本"補"作"益"。

	一方。
人之道则不然，	人的"道"却不是这样的，
损不足以奉有餘。	偏要减少不足的一方，用来供给有余的一方。
孰能有餘以奉天下？	谁能把有余来供养全国？
唯有道者。	只有有"道"的人。
是以聖人	因此，"圣人"
爲而不恃，	推动了万物而不自以为尽了力，
功成而不處①，	功成而不自己居功，
其不欲見②賢。	不愿表现自己的贤能。

七十七章

---

① "處"，佔有，享有。

② "見(xiàn)"，表现。

七十八章

　　这一章又一次赞扬水的品格。水表面是柔弱的,坚强的东西反倒不能战胜它。老子由此推论说,柔弱、谦下,表面上看来好像吃亏了,实际上占了便宜。要当国王,也要像水那样,承担一切屈辱,好像地位最低下,实际上反而能保持高高在上的地位。这是老子的贵柔思想在政治生活方面的运用。

天下莫柔弱於水,	天下没有比水更柔弱的,
而攻堅强者莫之能勝,	而攻击坚强的力量没有能胜过水的,
其無以易①之。	因为没有什么能代替它。
弱之勝强,	弱能胜强,
柔之勝剛,	柔能胜刚,
天下莫不知,	天下没有人不知道,
莫能行。	[就是]没有人照着做。

---

① "易",代替。"無以易之"的解釋,根據王弼注"無物可以易之"。又據馬叙倫《老子覈詁》引陶鴻慶説。

是以聖人①云：　　　　因此，"圣人"说：

受國②之垢③，　　　　　承受全国的屈辱，

是謂社稷主；　　　　　才算得国家的君主。

受國不祥④，　　　　　　承受全国的灾殃，

是爲天下王。　　　　　才算得全国的君王。

正言若反。　　　　　　正话反说。

七
十
八
章

———————

① 馬王堆甲、乙本均作"聖人之言曰"。

② "國"，馬王堆甲本均作"邦"。

③ "垢(gòu)"，屈辱。

④ "不祥"，灾殃，倒霉的事。

七十九章

　　这一章宣扬用"无为"处理人事纠纷,要从容,不能急躁。司契的和司彻的,都是代替贵族办事的,当然谈不上有德和无德。"有德司契,无德司彻",意译,可译为,"有德者,有理让三分,无德者,得理不让人"。老子不像孔子、孟子大讲天命有知。这里的"天道无亲,常与善人",可与第五章"天地不仁",互相参照。"无亲"也是"不仁"。天道自然,无所偏爱,但按照自然规律行事的人,有好的结果。

和大怨,必有餘怨①,　　和解大仇怨,必有保留的仇怨,
安可以爲善?　　　　　　怎能称得善行?

---

①　嚴靈峰、陳柱,都提出六十三章的"報怨以德"這四字應在本章的"和大怨必有餘怨"之下,認爲今本《老子》文句有錯簡。我認爲如果沒新的證據,只憑推理,是古人常用的理校法,宜慎用。

是以聖人執左契①，　　因此，"圣人"虽握有借据的存
　　　　　　　　　　　根，

而不責②於人。　　　　而不强迫人家偿还。

有德司契，　　　　　　有"德"的人，就像经管借据的人
　　　　　　　　　　　那样从容，

無德司徹③。　　　　　无"德"的人，就像经管租税的人
　　　　　　　　　　　[收租时]那样计较。

天道無親，　　　　　　天道无偏爱，
常與④善人。　　　　　永助善行人。

七 十 九 章

---

① "契(qì)"，古時借債，在一塊木板或竹板上刻上文字，從中間劈爲兩半，左
　　邊的一半由借出錢物的一方收存，右邊的一半由借債人收存。要還債時，
　　放債人拿出左邊的一半，向借債人討還。馬王堆甲本作"右契"，乙本作
　　"左契"。

② "責"，討還欠債。

③ "司契"和"司徹"，都是古代貴族所用的管賬人。司契的人，只憑契據來
　　收付，所以顯得從容。"徹"是古代貴族對農民按成收租的剝削制度。爲
　　了對農民進行剝削，所以"司徹"的人對交租人斤斤計較。章炳麟《檢論》
　　卷三："有德司契。契者謂科條之在刻杦者也。"他認爲"契"是規定了的
　　法規條文。這一解釋也值得參考，只是和上文的"執左契而不責於人"的
　　意思沒有關聯，所以本譯文不採用。

④ 馬王堆甲本"常"作"恒"。"與(yú)"，親近，幫助，做朋友。

八十章

    老子认为文化给人们带来了灾难,要回到人类还没有创造文字、结绳记事的时代去。他赞赏质朴简单的生活,深感文明给社会带来繁荣,同时伴生了欺诈、互不信任的风气。原始社会的质朴,主要是生产力低下,人们主要精力放在维持最低生活需要上。在那样极低水平的生活条件下,怎能做到甘其食、美其服呢? 对老子这些话不能看死了。老子美化上古有他的片面性,同时应当看到他批判当时社会的坏风气和种种弊端,还是有积极意义的。

    河南内黄县三扬庄,在黄河故道被埋藏了两千多年的一片村落遗址被发现。这是西汉末年,黄河发大水,整个村庄被埋在地下,完整地保存下来。被列为 2005 年中国十大考古发现之一。已发掘的有四处遗址。这四处民居院落各自独立,最近的相距 60 米。院落有两进的,也有三进的。主房南向,多有西厢房,各户自有围墙,墙外即是耕地。田垄的遗迹仍清晰可辨。垄宽约为 60 厘米。西汉时期的小自耕农的生活、生产方式原封不动地呈现出来。西汉去古未远,由此上溯,与春秋战国时期的农村情况不会相差太远。老子所描绘的农村生活当是他当时的农村,并不见得是追怀远古。老子不愿看到城市与农村出现的生活上极大的反差,老子看不惯,希望不要打破现存的秩序。

八十章

小國寡①民。　　　　　　城镇要小,居民要少。

使有什伯之器②而不用;　　即使有各种器具,并不使用;

使民重③死而不遠徙④;　　使居民不用生命去冒险,不
　　　　　　　　　　　　向远方迁移;

雖有舟輿⑤,　　　　　　虽有舟船车马,

無所乘之;　　　　　　　没有地方乘坐它;

雖有甲兵,　　　　　　　虽有武器装备,

無所陳之。　　　　　　　没有地方显示它。

使民復結繩⑥而用之。　　使百姓回到结绳记事的生活,

---

① “小”、“寡”,都是動詞,使它小,使它寡。

② “什伯之器”舊注解爲兵器,失之牽強。《一切經音義》:“什,衆也,雜也,
會數之名也。資生之物謂之什物。”又《史記·五帝本紀·索隱》以生活
常用的器具,數目衆多,所以稱爲“什器”。“什物”、“什器”、“傢什”在今
天的口語中也還存在著。

③ “重(zhòng)”,看重,重視。

④ “徙(xǐ)”,搬家。

⑤ “輿(yǔ)”,車子。

⑥ “結繩”,古代原始人没有文字,有事情怕忘記,在繩子上打結,幫助記憶。
繩子不同的結代表不同的意思,本部落的人,一看結繩的形狀,就明白是
什麼事情。有時也用結繩傳遞重要的通知,相當於文告的作用。

甘其食，	吃得香甜，
美其服，	穿得漂亮，
安其居，	住得安适，
樂其俗。	过得习惯，
鄰國①相望，	城镇之间互相望得见，
雞犬之聲相聞，	鸡鸣犬吠互相听得见，
民至老死不相往來。	百姓直到老死不相往来。

---

① 馬王堆甲本"國"作"邦"。

八十一章

这一章包含着一些辩证法思想。老子提出了真假、美丑、善恶等矛盾对立的社会现象，并指出某些事物的表面现象和实质的不一致。透过表面现象观察问题，是深入了一层。

他把事物的矛盾，表面和内容的不一致看成是绝对的，从而陷于武断。世界的事物多种多样，社会现象更是十分复杂。如果认定"信言"都是"不美"的，"美言"都是"不信"的；"辩者"一定都"不善"，"善者"一定都"不辩"，这就片面了。不能说世界上对立的事物永远不能统一而只能互相排斥。因此，我们肯定老子说对了的地方，也要指出老子说错了的地方。老子有丰富的辩证法思想，但没有处理好对立统一的关系，有待后来者继续发展完善。

信言不美，	真话不漂亮，
美言不信。	漂亮的不是真话。
善者不辩①，	善人不巧说，
辩者不善。	巧说的不是善人。

---

① "辩"，能说會道，有口才。

知者不博①，	真懂的不卖弄，
博者不知。	卖弄的不真懂。
聖人不積②，	"圣人"不保留，
既以爲人己愈有，	尽量助人，他自己反更充足，
既以與人己愈多。	一切给了人，他自己反更丰足。
天之道，	天的"道"，
利而不害③。	利物而不害物。
聖人之道，	"圣人"的"道"，
爲而不爭。	做了而不争功。

---

① "博"，顯示懂得的事情多。

② "積"，保留，儲存著。

③ 與老子的"生而不有，爲而不恃，長而不宰"等章互相參照。其思想是一貫的。

索　引

说　明

一、为了便于读者剖析《老子》的哲学思想,查检有关内容,特附"重要名词索引"和"内容分类索引"。

二、"重要名词索引"是把《老子》书中重要哲学范畴(如"道"、"德"、"无"等)挑选出来;还有一些一般名词(如"民"、"谷"、"圣人"等),虽不属于哲学范畴,但对于理解《老子》哲学思想关系较大,也挑选出来,按笔划为序编成。因为只是重要的范畴和名词,不是每字必录,因而不同于一般古书的索引。

三、《老子》王弼本,只标章数,没有题目。河上公本各章题目是后来道教徒加上去的,目的在于宣传宗教神秘主义,与《老子》的思想不相干,对于理解《老子》有害无益。现在打破各章顺序,按照它的内容重新分类,编成"内容分类索引",便于读者查寻《老子》的一些基本思想(如书中关于"道"的,关于"战争"的,等等)。

四、"重要名词索引"每条后面括弧中的数字,圆点前面的表示章数,圆点后面的表示页数。如"道生一(42·94)",即四十二章,九四页。

重要名詞索引

四畫

失德而後仁(38·85)

失仁而後義(38·85)

水:

上善若水(8·17)

水善利萬物而不爭(8·17)

天下莫柔弱於水(78·171)

天:

功成身退,天之道(9·20)

天乃道(16·36)

地法天(25·56)

天法道(25·56)

見天道(47·104)

天之道,不爭而善勝(73·
161)

天之道,其猶張弓歟(77·
169)

天之道,損有餘而補不足
(77·169)

天道無親(79·174)

天之道,利而不害(81·
179)

天下:

天下皆知美之爲美(2·4)

故貴以身爲天下(13·28)

若可寄天下(13·28)

愛以身爲天下(13·28)

若可託天下(13·28)

是以聖人抱一爲天下式(22
·48)

夫唯不爭,故天下莫能與之
爭(22·48)

可以爲天下母(25·55)

而以身輕天下(26·58)

爲天下谿(28·62)

爲天下式(28·63)

爲天下谷(28·63)

將欲取天下而爲之(29·
65)

天下神器(29·65)

不以兵强天下(30·67)

則不可得志於天下矣(31·
70)

天下莫能臣也(32·72)

譬道之在天下(32·73)

七畫

兵：

谷：

索引

102）

九畫

十畫

十二畫

雖智大迷(27・61)

知人者智(33・74)

以其智多(65・145)

故以智治國,國之賊(65・145)

不以智治國,國之福(65・146)

道:

道,可道,非常道(1・1)

道沖,而用之或不盈(4・10)

故幾於道(8・17)

功成身退天之道(9・20)

執古之道(14・31)

是謂道紀(14・31)

保此道者不欲盈(15・34)

天乃道(16・36)

道乃久(16・36)

大道廢(18・39)

惟道是從(21・45)

道之爲物(21・45)

故從事於道者(23・51)

道者同於道(23・51)

同於道者(23・51)

道亦樂得之(23・51)

其在道也(24・53)

故有道者不處(24・53)

字之曰道(25・55)

故道大(25・55)

天法道(25・56)

道法自然(25・56)

以道佐人主者(30・67)

是謂不道(30・68)

不道早已(30・68)

故有道者不處(31・69)

道常無名(32・72)

譬道之在天下(32・73)

大道氾兮(34・76)

道之出口(35・79)

道常無爲(37・82)

故失道而後德(38・85)

道之華而愚之始(38・85)

反者道之動(40・90)

弱者道之用(40・90)

淵:

淵兮,似萬物之宗(4·10)

心善淵(8·17)

魚不可脱於淵(36·81)

無:

故常無,欲以觀其妙(1·2)

故有無相生(2·4)

常使民無知無欲(3·8)

能無離乎(10·22)

能無疵乎(10·21)

能無知乎(10·22)

當其無,有車之用(11·23)

當其無,有器之用(11·24)

當其無,有室之用(11·24)

無之以爲用(11·24)

復歸於無物(14·30)

是謂無狀之狀(14·30)

無物之象(14·30)

盗賊無有(19·40)

復歸於無極(28·63)

常無欲可名於小(34·77)

有生於無(40·90)

大象無形(41·93)

取天下常以無事(48·106)

以無事取天下(57·124)

我無欲而民自樸(57·125)

爲無爲(63·139)

事無事(63·139)

味無味(63·139)

是以聖人無爲故無敗(64·143)

無執故無失(64·143)

是謂行無行(69·154)

攘無臂(69·154)

扔無敵(69·154)

執無兵(69·155)

夫唯無知(70·156)

無名:

無名天地之始(1·2)

道常無名(32·72)

吾將鎮之以無名之樸(37·82)

無名之樸(37·82)

道隱無名(41·93)

無爲:

十三畫

十四畫

内容分类索引

关于"道"：

一章,四章,六章,十章,十四章,十五章,十六章,二十章,二十一章,二十三章,二十五章,三十二章,三十四章,三十五章,四十一章,四十二章,五十一章,六十二章,七十七章。

关于德：

五十四章,五十五章。

认识论：

四十七章,四十八章,五十二章,五十六章。

保持朴素：

三章,十一章,十二章,十三章,三十七章,七十章,七十一章,八十章。

关于辩证法思想：

二章,二十七章,四十章,六十四章,八十一章。

政治观点：

　　五章，十七章，十八章，十九章，三十八章，三十九章，四十八章，四十九章，五十三章，五十七章，五十八章，五十九章，六十章，六十一章，六十三章，六十四章，六十五章，七十二章，七十四章，七十五章，七十九章。

自保、谦退：

　　七章，十三章，二十二章，二十四章，二十八章，三十三章，四十二章，四十三章，四十四章，四十六章，五十章，六十七章，六十九章，七十三章，七十六章。

反对战争：

　　三十章，三十一章，四十六章。

贵柔，以退为进：

　　八章，九章，二十六章，二十九章，三十六章，四十五章，六十六章，六十八章，七十八章。

马王堆汉墓帛书《老子》释文

（据文物出版社 1976 年版本，略有改动）

　　长沙马王堆三号汉墓出土的《老子》帛书，有两种写本。甲本字体在篆隶之间，不避汉高帝刘邦讳，抄写年代可能在高帝时期（前 206～前 195 年）。乙本字体为隶书，避邦字讳而不避惠帝刘盈讳，抄写年代可能在惠帝或吕后时期（前 194～前 180 年）。

　　为了便于阅读，根据通行本分章，每章另行起，次序根据帛书。原件的古体字、异体字，释文中部分用通行字体排印，并用圆括号注明是今之某字。原来涂改过的废字，在字下加点标出。缺文可据另一本补出的，即据补；两本均缺，据今通行本补；补出的文字外加方括号。作者改动的文字外加方框。句前有 ◉ 号者，是帛书原件划分章节处（原作 · 号），但已残缺不全，仅录其存者。

甲　　本

　　[上德不德，是以有德。下德不失德，是以無] 德。上德無 [爲，而] 無以爲也。上仁爲之，[而無] 以爲也。上義爲之，而有以爲也。

上禮［爲之而莫之應也，則］攘臂而乃（扔）之。故失道而後德，失德而後仁，失仁而後義，［失義而後禮。夫禮者，忠信之泊（薄）也，而亂之首也。前識者，］道之華也，而愚之首也。是以大丈夫居其厚而不［居］其泊（薄），居［其實而不居其華。故去］皮（彼）取此。

昔之得一者，天得一以清，地得［一］以寧，神得一以霝（靈），浴（谷）得一以盈，侯［王得一以爲天下正。］其至之也，天毋已清將恐［裂］，胃［謂］地毋［已寧將］恐［發，］胃（謂）神毋已霝（靈）［將］恐歇，胃（謂）浴（谷）毋已盈將恐渴（竭），胃（謂）侯王毋已貴［已高將恐蹶。］故必貴而以賤爲本，必高［矣］而以下爲基。夫是［以］侯王自胃（謂）孤寡不橐（穀），此其［以賤之本與，非也？］故致數與無與。是故不欲［禄禄若］玉，［珞珞若石。］

［上士聞道，堇（勤）而行之。中士聞道，若存若亡。下士聞道，大笑之。弗笑，不足以爲道。是以建言有之曰："明道如費（昧），進道如退，夷道如類。"上德如浴（谷），大白如辱，廣德如不足。建德如輸，質真如渝，大方無禺（隅）。大器免（晚）成，大音希聲，天象無刑（形），道隱無名。夫唯道，善始且善成。］

［反也者，］道之動也。弱也者，道［之用也。天下之物生於有，有生於無。］

［道生一，一生二，二生三，三生萬物。萬物負陰而抱陽，］中氣以爲和。天下之所惡，唯孤寡不橐（穀），而王公以自名也。勿或敗（損）之［而益，或益］之而敗（損）。［人］所 教，夕議而教人。故强

良者不得死,我[將]以爲學父。

天下之至柔,[馳]騁於天下之致堅。無有入於無閒,五(吾)是以知無爲之益。不[言之]教,無[爲]之[益,天]下希能及之矣。

名與身孰親?身與貨孰多?得與亡孰病?甚[愛必大費,多藏必厚亡。]故知足不辱,知止不殆,可以長久。

大成若缺,其用不敝。大盈若盅(盅),其用不窮(窘)。大直如詘(屈),大巧如[拙,]大贏如炳。趮(躁)勝寒,靚(静)勝炅,請(清)靚(静)可以爲天下正。

◉[天下]有[道,却走馬以]糞。天下無道,戎馬生於郊。◉罪莫大於可欲,禍(禍)莫大於不知足,咎莫憯於欲得。[故知足之足,]恒足矣。

不出於戶,以知天下。不規(窺)於牖,以知天道。其出也彌(彌)遠,其[知彌少。是以聖人不行而知,不見而名,弗]爲而[成。]

[爲學者日益,聞道者日損。損之又損,以至於無爲,無爲而無不爲。取天下,恒無事,及其有事也,不足以取天下。]

[聖人恒無心,]以百姓心爲[心。]善者善之,不善者亦善[之,德善也。信者信之,不信者亦信之,][德]信也。[聖人]之在天下,歙歙焉,爲天下渾心,百姓皆屬[其耳目,]聖人皆[孩之。]

[出]生,[入死。生之徒十有三,死之]徒十有三,而民生生,動皆之死地之十有三。夫何故也?以其生生也。蓋[聞善]執生者,

陵行不[辟]矢虎，入軍不被甲兵。矢（兕）無所樁其角，[虎無]所昔（措）其蚤（爪），兵無所容[其刃，夫]何故也？以其無死地焉。

　　◉道生之而德畜之，物刑（形）之而器成之。是以萬物尊道而貴[德。道]之尊，德之貴也。夫莫之时（爵），而恒自然也。◉道，生之、畜之、長之、遂之，亭[之、毒之、養之、覆之。生而]弗有也，爲而弗寺（恃）也，長而弗宰也，此之謂玄德。

　　天下有始，以爲天下母。既得其母，[以]知其[子，]復守其母，没身不殆。◉塞其悶（悶），閉其門，終身不堇（勤）。啓其悶，濟其事，終身[不救。見]小曰[明，]守柔曰强。用其光，復歸其明。毋遺身央（殃），是胃（謂）襲常。

　　◉使我[介]有知，[行於]大道，唯[施是畏。大]道甚夷，民甚好解（嶰）。朝甚除，田甚蕪，倉甚虛，服文采，帶利[劍，厭]食[而]齎財有餘，是謂盜袴。盜袴，非道也。]

　　[善建者不]拔，[善抱者不脫，]子孫以祭祀[不絕。修之身，其德乃真。修之家，其德有餘。修之鄉，其德乃長。修之邦，其德乃夆（豐）。修之天下，其德乃博。以身觀]身，以家觀家，以鄉觀鄉，以邦觀邦，以天[下]觀[天下。吾何以知天下之然兹？以此。]

　　[含德之厚者，]比於赤子。蜂徔（蠆）蝎蛇弗螫，攫鳥猛獸弗搏。骨弱筋柔而握固。未知牝[牡之會而朘怒，]精[之至]也。終日號而不发（嚘），和之至也。和曰常，知和曰明，益生曰祥，心使氣曰强。[物壯]即老，胃（謂）之不道，不道[早已。]

[知者]弗言,言者弗知。塞其悶,閉其[門,和]其光,同其垄(塵),坐(銼)其[鋭而解]其紛,是胃(謂)玄同。故不可得而親,亦不可得而疏;不可得而利,亦不[可]得而害;[不可得]而貴,亦不可得而淺(賤)。故爲天下貴。

◉以正之(治)邦,以畸(奇)用兵,以無事取天下。吾[何以知其然]也戈(哉)?夫天下[多忌諱,]而民彊(彌)貧。民多利器,而邦家兹(滋)昬。人多知(智),而何(奇)物[滋起。法物滋章,而]盗賊[多有。是以聖人之言曰:]我無爲也,而民自化。我好静,而民自正。我無事,民[自富。我欲不欲,而民自樸。]

[其正(政)閔閔,其民屯屯。]其正(政)察察,其邦夬(缺)夬(缺)。飁(禍),福之所倚;福,[禍之所伏。孰知其極?其無正也?正復爲奇,善復爲祅。人之迷也,其日固久矣。是以方而不割,廉而不刺,直而不緤,光而不曜。]

[治人事天,莫若嗇。夫惟嗇,是以蚤(早)服。蚤(早)服是謂重積德。重積德則無不克,無不克則莫知其極。莫知其極,]可以有國。有國之母,可以長久。是胃(謂)深根固[柢,長生久視之道也。治大國若亨(烹)小鮮。以道涖天下,]其鬼不神。非其鬼不神也,其神不傷人也。非其申(神)不傷人也,聖人亦弗傷[也。夫兩]不相[傷,故德交]歸焉。

大邦者,下流也,天下之牝也。天下之郊(交)也,牝恒以靓(静)勝牡。爲其靓(静)[也,故]宜爲下。大邦[以]下小邦,則取小邦。小邦以下大邦,則取於[大]邦。故或下以取,或下而取。

［故］大邦者不過欲兼畜人，小邦者不過欲入事人。夫皆得其欲，［則大者宜］爲下。

　　［道］者，萬物之注也，善人之琛（葆）也，不善人之所琛（葆）也。美言可以市（持）奠（尊），行可以賀人。人之［不善，何棄］之有？故立天子，置三卿，雖有共之璧以先四馬，不善（若）坐而進此。古之所以貴此［道者何？不曰求以］得，有罪以免與？故爲天下貴。

　　◉爲無爲，事無事，味無未（味）。大小多少，報怨以德。圖難［於其易］也，［爲大於其細也。］天下之難作於易，天下之大作於細。是以聖人冬（終）不爲大，故能［成其大。夫輕諾必寡信，多易必］多難，是［以聖］人［猶］難之，故冬（終）於無難。

　　其安也，易持也。［其未兆也，易謀也。其脆也，易判也。其微也，易散也。爲之於其未有也，治之於其未亂也。合抱之木，生於］毫末。［九成］之臺，作於羸（蔂）土。百仁（仞）之高，台（始）於足［下。爲之者敗之，執之者失之。是以聖人無爲］也，［故無敗也；］無執也，故無失也。民之從事也，恒於其成事而敗之。故慎終若始，則［無敗事矣。是以聖人欲不］欲，而不貴難得之臛（貨）；學不學，而復衆人之所過；能輔萬物之自［然，而］弗敢爲。

　　故曰：爲道者非以明民也，將以愚之也。民之難［治］也，以其知也。故以知知邦，邦之賊也；以不知知邦，［邦之］德也；恒知此兩者，亦稽式也。恒知稽式，此胃（謂）玄德。玄德深矣、遠矣，與物［反］矣，［乃至大順。］

[江海所]以能爲百浴(谷)王者,以其善下之,是以能爲百浴(谷)王。是以聖人之欲上民也,必以其言[下之;欲先民也,]必以其身後之。故居前而民弗害也,居上而民弗重也。天下樂隼(推)而弗猒(厭)也,非以其無[諍(爭)與? 故天下莫能與]諍(爭)。

●小邦寡民,使十百人之器毋用,使民重死而遠徙。有車周(舟)無所乘之,有甲兵無所陳[之。使民復結繩而]用之。甘其食,美其[服],樂其俗,安其居。鄰邦相望,鷄狗之聲相聞,民[至老死不相往來。]

[信言不美,美言不信。知者]不博,博者不知。善[者不多,多]者不善。●聖人無[積,既以爲人己愈有;既以予人,己愈多。故天之道,利而不害;人之道,爲而弗爭。]

[天下皆謂我大,不肖。夫唯大,]故不宵(肖)。若宵(肖),細久矣。我恒有三葆,之。一曰兹(慈),二曰[儉,三曰不敢爲天下先。夫慈,故能勇;儉,]故能廣;不敢爲天下先,故能爲成事長。今舍其兹(慈),且勇;舍其後,且先;則必死矣。夫兹(慈),[以戰]則勝,以守則固。天將建之,女(如)以兹(慈)垣之。

善爲士者不武,善戰者不怒,善勝敵者弗[與,]善用人者爲之下。[是]胃(謂)不諍(爭)之德。是胃(謂)用人,是胃(謂)天,古之極也。

●用兵有言曰:“吾不敢爲主而爲客,吾不進寸而芮(退)尺。”是胃(謂)行無行,襄(攘)無臂,執無兵,乃無敵矣。旤(禍)莫於

[大]於無適（敵），無適（敵）斤（近）亡吾吾葆矣。故稱兵相若，則哀者勝矣。

吾言，甚易知也，甚易行也；而人莫之能知也，而莫之能行也。言有君。事有宗。其唯無知也，是以不[我知。知我者希，則]我貴矣。是以聖人被褐而裹玉。

知不知，尚矣。不知不知，病矣。是以聖人之不病，以其[病病也，是以不病。]

[民之不畏威，則大威將至]矣。●毋閘（狎）其所居，毋猒（厭）其所生。夫唯弗猒（厭），是[以不猒（厭）]。是以聖人，自知而不自見也，自愛]而不自貴也。故[去彼]取此。

●勇於敢者[則殺，勇於不敢則活。兩者或利或害。天之所惡，孰知其故？天之道，不戰而善勝，]不言而善應，不召而自來，彈而善謀。[天罔（網）恢恢，疏而不失。]

[若民恒不畏死，]奈何以殺悬（懼）之也？若民恒是（畏）死，則而爲者吾將得而殺之，夫孰敢矣？若民[恒且]必畏死，則恒有司殺者。夫伐（代）司殺者殺，是伐（代）大匠斲也。夫伐（代）大匠斲者，則[希]不傷其手矣。

●人之飢也，以其取食逆（稅）之多也，是以飢。百姓之不治也，以其上有以爲[也，]是以不治。●民之巠（輕）死，以其求生之厚也，是以巠（輕）死。夫唯無以生爲者，是賢貴生。

●人之生也柔弱，其死也蓓（槁）仞（韌）賢（堅）强。萬物草木之生也柔脆，其死也槁（枯）薨。故曰：堅强者，死之徒也；柔弱微細,生之徒也。兵强則不勝,木强則恒。强大居下,柔弱微細居上。

天下[之道,猶張弓]者也,高者印(抑)之,下者舉之,有餘者敗(損)之,不足者補之。故天之道,敗(損)有[餘而益不足;人之道,敗(損)不足而]奉有餘。孰能有餘而有[以□]奉於天者,此[有道者乎? 是以聖人爲而弗又(有),成功而弗居也。若此其不欲見賢也。]

[天下莫柔弱於水,而攻]堅强者莫之能[勝]也,[以]其(無以]易[之也。水之勝剛也,弱之勝强也,天下莫弗知也,而莫之能]行也。故聖人之言云(損)曰:受邦之广詢(垢),是胃(謂)社稷之主;受邦之不祥,是胃(謂)天下之王。[正言]若反。

和大怨,必有餘怨,焉可以爲善? 是以聖右介(契)而不以責於人。故有德司介(契),[無]德司徹。夫天道無親,恒與善人。

◉道,可道也,非恒道也。名,可名也,非恒名也。無名,萬物之始也。有名,萬物之母也。[故]恒無欲也,以觀其眇(妙);恒有欲也,以觀其所噭。兩者同出,異名同胃(謂)。玄之有(又)玄,衆眇(妙)之[門]。

天下皆知美爲美,惡已;皆知善,訾(斯)不善矣。有、無之相生也,難、易之相成也,長、短之相[刑](形)也,高、下之相盈也,意(音)聲之相和也,先、後之相隋(隨),恒也。是以聲(聖)人居無爲之事,行[不言之教。萬物昔而弗始]也,爲而弗之(恃)也,[成]功而弗居也。夫唯居,是以弗去。

不上賢,[使民不爭。不貴難得之貨,使民不爲盜。不見可欲,]使民不亂。是以聲(聖)人之[治也:虛其心,實其腹;弱其志,強其骨。恒使民無知、無欲也。使夫知不敢,弗爲而已,則無不治矣。]

[道沖,而用之有弗]盈也。潚(淵)呵始(似)萬物之宗。銼其([鋭]),解其紛;和其[光,]同[其塵。湛呵似]或存。吾不知[誰]子也,象帝之先。

天地不仁,以萬物爲芻狗。聲(聖)人不仁,以百姓[爲芻]狗。天地[之間,]其猶橐籥與?虛而不淈,踵而俞出。多聞數窮,不若守於中。

浴、神[不]死,是胃(謂)玄牝。玄牝之門,[是謂天]地之根。緜緜呵若存,用之不堇。

天長,地久。天地之所以能[長]且久者,以其不自生也,故能長生。是以聲(聖)人芮(退)其身而身先,外其身而身存。不以其[無私]與?故能成其[私。]

上善治(似)水。水善利萬物而有(不)静(爭),居衆之所惡,故[幾於道矣。居善地,]心善潚(淵),予善信,正(政)善治,事善能,蹱善時。夫唯不静(爭),故無尤。

植而盈之,不[若其已。揣而兑(鋭)之,]不可常葆之。金玉盈室,莫之守也。貴富而驕,自遺咎也。功述(遂)身芮(退),天[之道也。]

[載營袙(魄)抱一,能毋離乎?搏氣致柔,]能嬰兒乎?脩除玄

藍(覽),能毋疵[乎？愛民栝(治)國,能毋以知乎？天門啓闔,能無雌乎？明白四達,能毋以知乎？生]之、畜之,生而弗[有,長而弗宰也,是謂玄]德。

世[楅同一轂,當]其[無有,車之用也。撚]埴爲器,當其無,有埴[之用也。鑿戶牖,當其無,]有[室之]用也。故有之以爲利,無之以爲用。

五色使人目明(盲),馳騁田臘使人[心發狂。]難得之貨,使人之行方(妨)。五味使人之口啉(爽),五音使人之耳聾。是以聲(聖)人之治也,爲腹[而不爲目。]故去罷(彼)耳(取)此。

龍(寵)辱若驚？貴大梡(患)若身。苟(何)胃(謂)龍(寵)辱若驚？龍(寵)之爲下,得之若驚,[失之]若驚,是胃(謂)龍(寵)辱若驚。何胃(謂)貴大梡(患)若身？吾所以有大梡(患)者,爲吾有身也。及吾無[身,]有何梡(患)？故貴爲身於爲天下,若可以迋(託)天下矣;愛以身爲天下,女可以寄天下。

視之而弗見,名之曰瞾(微)。聽之而弗聞,名之曰希。捪之而弗得,名之曰夷。三者不可至計,故束(捆)[而爲一。]一者,其上不攸,其下不忽。尋尋呵不可名也,復歸於無物。是胃(謂)無狀之狀,無物之[象。是謂忽恍。隨而不見其後,迎]而不見其首。執今之道,以御今之有。以知古始,是胃(謂)[道紀。]

[古之善爲道者,微眇(妙)玄達(徹),]深不可志(識)。夫唯不可志(識),故強爲之容,曰:與呵其若冬[涉水,猶呵其若]畏四

［鄰，嚴呵］其若客，［渙］呵其若淩澤（釋），（沌）呵其若［樸，］湷［呵其若濁，湸呵其］若浴。濁而情（靜）之，余（徐）清。女以重之，余（徐）生。葆此道不欲盈。夫唯不［欲盈，是以能敝而不］成。

至虛，極也；守情（靜），表也；萬物旁作，吾以觀其復也。夫物雲（芸）雲（芸），各復歸於其［根。歸根曰］情（靜）。情（靜），是胃（謂）復命。復命，常也；知常，明也；不知常，市（芒）市（芒）作兇。知常容，容乃公，公乃王，王乃天，天乃道，［道乃久，］沕（沒）身不忨（怠）。

大上下知有之，其次親譽之，其次畏之，其下母（侮）之。信不足，案有不信。［猶呵，］其貴言也。成功遂事，而百省（姓）胃（謂）我自然。

故大道廢，案有仁義。和悅（識）出，案有 大 偽。六親不和，案［有孝］兹（慈）。邦家閭（昏）亂，案有貞臣。

絕聲（聖）棄知，民利百負（倍）。絕仁棄義，［民］復畜（孝）兹（慈）。絕巧棄利，盜賊無有。此三言也，以爲文未足，故令之有所屬。見素抱［樸，少私寡欲。］

［絕學無憂。］唯與訶，其相去幾何？美與惡，其相去何若？人之所［畏，］亦不［可以不畏人。望（恍）呵其未央才（哉）！衆人熙熙，］若鄉（饗）於大牢，而春登臺。我泊焉未兆，若［嬰兒未咳。纍呵，似無所歸。衆人］皆有餘，我獨遺。［我愚］人之心［也，湷］湷呵。［鬻（俗）人昭昭，我獨］閩（昏）呵。鬻（俗）人蔡（察）蔡（察），

我獨閩（悶）閩（悶）呵。忽呵其若［海，］望（恍）呵其若無所止。［衆人皆有以，我獨頑］以悝（俚）。吾欲獨異於人，而貴食母。

孔德之容，唯道是從。道之物，唯望（恍）唯忽。［忽呵望（恍）］呵，中有象呵。望（恍）呵忽呵，中有物呵。潀（幽）呵鳴（冥）呵，中有請（精）也。其請（精）甚真，其中［有信。］自今及古，其名不去，以順衆父。吾何以知衆父之然？以此。

炊（跨）者不立，自視不章，［自］見者不明，自伐者無功，自矜者不長。其在道，曰粽（餘）食贅行。物或惡之，故有欲者［弗］居。

曲則金（全），枉則定，窪則盈，敝則新，少則得，多則惑。是以聲（聖）人執一，以爲天下牧。不［自］視故明，不自見故章，不自伐故有功，弗矜故能長。夫唯不爭，故莫能與之爭。古［之所謂曲全者，幾虛］語才（哉）？誠金（全）歸之。

希言自然。飄風不冬（終）朝，暴雨不冬（終）日。孰爲此？天地，［而弗能久有，況於人乎？］故從事而道者同於道，德者同於德，者（失）者同於失。同於［德者，道亦德之。同於失］者，道亦失之。

有物昆（混）成，先天地生。繡（淵）呵繆（寥）呵，獨立［而不垓，］可以爲天地母。吾未知其名，字之曰道，强爲之名曰大。［大曰筮，］筮（逝）曰遠，［遠曰反。道大，］天大，地大，王亦大。國中有四大，而王居一焉。人法地，［地］法［天，天法道，道］法［自然。］

［重］爲巠（輕）根，清（靜）爲躁君。是以君子衆（終）日行，不離其甾（輜）重。唯（雖）有環（營）官（館），燕處［則昭］若。若何萬乘之王而以身巠（輕）於天下？巠（輕）則失本，躁則失君。

善行者無勶（轍）迹，［善］言者無瑕適（謫），善數者不以攦（籌）筭（策）。善閉者無闗（關）籥，而不可啓也。善結者［無繩］約，而不可解也。是以聲（聖）人恒善怵（救）人，而無棄人，物無棄財，是胃（謂）怵明。故善［人，善人］之師；不善人，善人之齎（資）也。不貴其師，不愛其齎（資），唯（雖）知乎大眯。是胃（謂）眇要。

知其雄，［守］其雌，爲天下雞（谿）。爲天下雞（谿），恒德不雞（離）。恒德不雞（離），復歸嬰兒。知其日（榮），守其辱，爲天下［浴（谷）。］爲天下浴（谷），恒德［乃足，復歸於樸。］知其，守其黑，爲天下式。爲天下式，恒德不貣（忒）。德不貣（忒），復歸於無極。楃（樸）散［則爲器，聖］人用則爲官長，夫大制無割。

將欲取天下而爲之，吾見其弗［得已。夫天下，神］器也，非可爲者也。爲者敗之，執者失之。物［或］行或［隨，］或炅或［吹，或強或羸，］或杯（培）或橢（墮）。是以聲（聖）人去甚，去大（太），去楮（奢）。

以道佐人主，不以兵強［於天下。其事好還，師之］所居，楚［棘］生之。善者果而已矣，毋以取強焉。果而毋騎（驕），果而勿矜，果而［勿伐，］果而毋得已居，是胃（謂）［果］而不強。物壯而老，是胃（謂）之不道，不道蚤（早）已。

夫兵者，不祥之器［也。］物或惡之，故有欲者弗［居。］君子居則貴左，用兵則貴右，故兵者非君子之器也。［兵者］不祥之器也，不得已而用之，銛襲爲上；勿美也！若美之，是樂殺人也。夫樂殺人，不可以得志於天下矣。是以吉事上左，喪事上右；是以便（偏）將軍居左,上將軍居右,言以喪禮居之也。殺人衆,以悲依(哀)涖之;戰勝,以喪禮處之。

道恒無名,楃(樸)唯(雖)[小而天下弗敢臣,侯]王若能守之,萬物將自賓。天地相合,以俞(渝)甘洛(露)。民莫之[令,而自均焉。始制有名。名亦既有,夫亦將知止,知止所以不殆。]俾道之在[天下也,猶小]浴(谷)之與江海也。

知人[者,知也。自知者,明也。勝人]者,有力也。自勝者,[強也。知足者,富]也。強行者,有志也。不失其所者,久也。死不忘(亡)者,壽也。

道,[氾呵其可左右也,成功]遂事而弗名有也。萬物歸焉而弗爲主,則恒無欲也,可名於小。萬物歸焉[而弗]爲主,可名於大。是[以聲(聖)人之能成大也,以其不爲大也,故能成大。

執大象,[天下]往。往而不害,安平大(太)。樂與餌,過格(客)止。故道之出言也,曰談(淡)呵,其無味也。[視之,]不足見也。聽之,不足聞也。用之,不可既也。

將欲拾(翕)之,必古(固)張之。將欲弱之,[必固]強之。將欲去之,必古(固)與之。將欲奪之,必古(固)予之。是胃(謂)微明。友(柔)弱勝強。魚不[可脫於淵,]邦利器不可以視(示)人。

道恒無名,侯王若守之,萬物將自愿(化)。愿(化)而欲[作,吾將鎮之以無]名之楃(樸)。鎮之以無名之楃(樸),夫將不辱。不辱以情(静),天地將自正。

乙　本

上德不德，是以有德。下德不失德，是以無德。上德無爲，而無以爲也。上仁爲之，而無以爲也。上德（義）爲之，而有以爲也。上禮爲之而莫之應也，則攘臂而乃（扔）之。故失道而后德，失德而句（后）仁，失仁而句（后）義，失義而句（后）禮。夫禮者，忠信之泊（薄）也，而乚（亂）之首也。前識者，道之華也，而愚之首也。是以大丈夫居［其厚而不］居其泊（薄），居其實而不居其華。故去皮（彼）而取此。

昔得一者，天得一以清，地得一以寧，神得一以霝（靈），浴（谷）得一盈，侯王得一以爲天下正。其至也，胃（謂）天毋已清將恐蓮（裂），地毋已寧將恐發，神毋已［靈將恐歇，］谷毋已［盈將恐］渴（竭），侯王毋已貴以高將恐欮（蹶）。故必貴以賤爲本，必高矣而以下爲圻［基］。夫是以侯王自胃（謂）孤寡不橐（榖），此其賤之本與，非也？故至數興無興。是故不欲禄禄若玉而硌硌若石。

上［士聞］道，董（勤）能行之。中士聞道，若存若亡。下士聞道，大笑（笑）之。弗笑（笑），［不足］以爲道。是以建言有之曰："明道如費（昧），進道如退，夷道如類。"上德如浴（谷），大白如辱，廣德如不足。建德如［偷，］質［真如渝，］大方無禺（隅）。大器免

（晚）成，大音希聲，天象無刑（形），道隱無名。夫唯道，善始且善成。

［反也］者，道之動也。［弱也］者，道之用也。天下之物生［於］有，有［生］於無。

道生一，一生二，二生三，三生［萬物。萬物負陰而抱陽，沖氣］以爲和。人之所亞（惡），［唯孤］寡不橐（穀），而王公以自［名也。故物或損］之而益，［或益之而損。人之所教，亦我之教人。強梁者不得其］死，吾將以［爲學］父。

天下之至柔，馳騁於天下［之至堅。出於無有，入於］無間。吾是以知［無爲之有］益也。不［言之教，無爲之益，天下希能及之］矣。

名與［身孰親？身與貨孰多？得與亡孰病？是故甚愛必大費，多藏必厚亡。故知足不辱，知止不殆，可以長久。］

［大成如缺，其用不敝。大］盈如沖，其［用不窮。大直如詘。大］巧如拙，［大贏如］絀。趮（躁）朕（勝）寒，［静勝熱。清静，可以爲天下正。］

［天下有］道，却走馬［以］糞。無道，戎馬生於郊。罪莫大［於］可欲，禍［莫大於不知足，咎莫憯於欲得。故知足之足，恒］足矣。

不出於户，以知天下。不規（窺）於［牖，以］知天道。其出籋（彌）遠者，其知籋（彌）［少。是以聖人不行而知，不見］而名，弗爲而成。

爲學者日益，聞道者日云（損），云（損）之有（又）云（損），以至於無［爲，無爲而無不爲。］取天下，恒無事。及其有事也，［不］足以取天［下矣。］

［聖］人恒無心，以百省（姓）之心爲心。善［者善之，不善者亦善之，德］善也。信者信之，不信者亦信之，德信也。耶（聖）人之在天下也，欱欱圂，［爲天下渾心。百］生（姓）皆注其［耳目，聖人皆咳之。］

［出］生，入死。生之［徒十有三，］死之徒十又（有）三，而民生生，僮（動）皆之死地之十有三。夫何故也？以其生生。蓋聞善執生者，陵行不辟兕（兕）虎，入軍不被兵革。兕（兕）無［所投其角，虎無所措］其蚤（爪），兵［無所容其刃，夫何故］也？以其［無死地焉。］

道生之，德畜之，物刑（形）之，而器成之。是以萬物尊道而貴德。道之尊也，德之貴也，夫莫之爵也，而恒自然也。道，生之、畜之，［長之、育］之，亭之、毒之、養之、覆之。［生而弗有，爲而弗恃，長而］弗宰，是胃（謂）玄德。

天下有始，以爲天下母。既得其母，以知其子，既知其子，復守其母，没身不佁（殆）。塞其㙇（閲），閉其門，冬（終）身不堇（勤）。啓其㙇（閲），齊其［事，終身］不救。見小曰明，守［柔曰］强。用［其光，復歸其明。無］遺身央（殃），是胃（謂）［襲］常。

　　使我介有知,行於大道,唯他(迤)是畏。大道甚夷,民甚好解(徑)。朝甚除,田甚蕪,倉甚虛。服文采,帶利劍,猒(厭)食而齎(資)財[有餘,是謂]盜枆(竽),非[道]也哉。

　　善建者[不拔,善抱者不脱,]子孫以祭祀不絕。脩之身,其德乃真。脩之家,其德有餘。脩之鄉,其德乃長。脩之國,其德乃夆(豐)。脩之天下,其德乃博(溥)。以身觀身,以家觀[家,以鄉觀鄉,以國觀]國,以天下觀天下。[吾何以]知天下之然兹(哉)?以[此。]

　　含德之厚者,比於赤子。蜂癘(蠆)蟲蛇弗赫(螫),據鳥孟(猛)獸弗捕,骨筋弱柔而握固。未知牝牡之會而朘怒,精之至也。冬(終)日號而不嚘,和[之至也。知和曰]常,知常曰明,益生[曰]祥,心使氣曰强。物[壯]則老,胃(謂)之不道,不道蚤(早)已。

　　知者弗言,言者弗知。塞其埼(閟),閉其門,和其光,同其塵,銼其兑(鋭)而解其紛,是胃(謂)玄同。故不可得而親也,亦[不可得而疏,不]可得而利,[亦不可]得而害;不可得而貴,亦不可得而賤。故爲天下貴。

　　以正之(治)國,以畸(奇)用兵,以無事取天下。吾何以知其然也才(哉)?夫天下多忌諱,而民彌(彌)貧。民多利器,[國家滋]昏。[民多智慧,而邪事滋起。法)物兹章,而[盜賊多有。]是以[聖]人之言曰:我無爲,而民自化;我好静,而民自正;我無事,而民自富；我欲不欲，而民自樸。

其正（政）閲（悶）閲（悶），其民屯屯。其正（政）察察，其［民缺缺。］福［呵，禍］之所伏，孰知其極？［其］無正也？正［復爲奇，］善復爲［妖。人］之悉（迷）也，其日固久矣。是以方而不割，兼（廉）而不刺，直而不絏，光而不眺（耀）。

治人事天，莫若嗇。夫唯嗇，是以蚤（早）服。蚤（早）服是胃（謂）重積［德。重積德則無不克，無不克則］莫知其［極。莫知其極，可以］有國。有國之母，可［以長］久。是胃（謂）［深］根固氐（柢），長生久視之道也。

治大國若亨（烹）小鮮。以道立（莅）天下，其鬼不神。非其鬼不神也，其神不傷人也。非其神不傷人也，［聖人亦］弗傷也。夫兩［不］相傷，故德交歸焉。

大國［者，下流也，天下之）牝也。天下之交也，牝恒以静朕（勝）牡。爲其静也，故宜爲下也。故大國以下［小］國，則取小國。小國以下大國，則取於大國。故或下［以取，或］下而取。故大國者不［過］欲并畜人，小國不［過］欲入事人。夫［各得］其欲，則大者宜爲下。

道者，萬物之注也，善人之璪（寶）也，不善人之所保也。美言可以市（持）奠（尊），行可以賀人。人之不善，何［棄之有？故］立天子，置三鄉（卿），雖有［拱］璧以先四馬，不若坐而進此。古［之所以貴此道者何也？不胃（謂）求］以得，有罪以免與？故爲天下貴。

爲無爲,[事無事,味無味。大小多少,報怨以德。圖難乎其易也,爲大]於其細也。天下之[難作於]易,天下之大[作於細。是以聖人冬(終)不爲大,故能成其大。]夫輕若(諾)[必寡]信,多易必多難,是以耴(聖)人[猶難]之,故[終於無難。]

[其安也易持,其未兆也易謀,其脆也易破,其微也易散。爲之於其未有也。治之於其未亂也。合抱之]木,[生]於毫末;九成之臺,作於虆土;百千(仞)之高,始於足下。爲之者敗之,執者失之。是以 耴(聖)人無爲[也,故無敗也;無執也,故無失也。]民之從事也,恒於其成而敗之。故曰:"慎冬(終)若始,則無敗事矣。"是以耴(聖)人欲不欲,而不貴難得之貨;學不學,復衆人之所過;能輔萬物之自然,而弗敢爲。

古之爲道者,非以明[民也,將以愚]之也。夫民之難治也,以其知也。故以知知國,國之賊也;以不知知國,國之德也;恒知此兩者,亦稽式也。恒知稽式,是胃(謂)玄德。玄德深矣、遠矣,[與]物反也,乃至大順。

江海所以能爲百浴(谷)[王者,以]其[善]下之也,是以能爲百浴(谷)王。是以耴(聖)人之欲上民也,必以其言下之;其欲先民也,必以其身後之。故居上而民弗重也,居前而民弗害。天下皆樂誰(推)而弗猒(厭)也,不[以]其無爭與? 故天下莫能與爭。

小國寡民,使有十百人器而勿用,使民重死而遠徙。又(有)周(舟)車無所乘之,有甲兵無所陳之。使民復結繩而用之。甘其食,美其服，樂其俗，安其居。㷄（鄰）國相朢（望），雞犬之 聲 ［相］聞，民至老死不相往來。

信言不美，美言不信。知者不博，博者不知。善者不多，多者不善。耵（聖）人無積，既以爲人，已俞（愈）有；既以予人矣，已俞（愈）多。故天之道，利而不害；人之道，爲而弗爭。

天下［皆］胃（謂）我大，大而不宵（肖）。夫唯不宵（肖），故能大，若宵（肖），久矣其細也夫。我恒有三琛（寶），市（持）而琛（寶）之，一曰兹（慈），二曰檢（儉），三曰不敢爲天下先。夫兹（慈），故能勇；檢（儉），敢（故）能廣；不敢爲天下先，故能爲成器長。［今］舍其兹（慈），且勇；舍其檢（儉），且廣；舍其後，且先；則死矣。夫兹（慈），以單（戰）則朕（勝），以守則固。天將建之，如以兹（慈）垣之。

故善爲士者不武，善單（戰）者不怒；善朕（勝）敵者弗與，善用人者爲之下。是胃（謂）不爭［之］德。是胃（謂）用人，是胃（謂）妃（配）天，古之極也。

用兵又（有）言曰：“吾不敢爲主而爲客，不敢進寸而退尺。”是胃（謂）行無行，攘無臂，執無兵，乃無敵。禍莫大於無敵，無敵近亡吾琛（寶）矣。故抗兵相若，而依（哀）者朕（勝）［矣。］

吾言，易知也，易行也；而天下莫之能知也，莫之能行也。夫言又（有）宗，事又（有）君。夫唯無知也，是以不我知。知者希，則我貴矣。是以耵（聖）人被褐而裹（懷）玉。

知不知，尚矣；不知知，病矣。是以耵（聖）人之不［病］也，以其病病也，是以不病。

民之不畏畏，則大畏將至矣。毋伔（狎）其所居，毋猒（厭）其所生。夫唯弗猒（厭），是以不猒（厭）。是以耵（聖）人，自知而不自見也，自愛而不自貴也。故去罷（彼）而取此。

勇於敢則殺，勇於不敢則活，［此］兩者或利或害。天之所亞（惡），孰知其故？天之道，不單（戰）而善朕（勝），不言而善應，弗召而自來，單（繟）而善謀。天罔（網）袼（恢）袼（恢），疏而不失。

若民恒且畏不畏死，若何以殺曜（懼）之也？使民恒且畏死，而爲畸（奇）者［吾］得而殺之，夫孰敢矣。若民恒且必畏死，則恒又（有）司殺者。夫代司殺者殺，是代大匠斲。夫代大匠斲，則希不傷其手。

人之飢也，以其取食跣（稅）之多，是以飢 。百生（姓）之不治也，以其上之有以爲也，［是］以不治。民之輕死也，以其求生之厚也，是以輕死。夫唯無以生爲者，是賢貴生。

人之生也柔弱，其死也䐯（筋）信（朋）堅强。萬［物草］木之生也柔榟（脆），其死也棹（枯）槁。故曰：“堅强，死之徒也；柔弱，生之徒也。”［是］以兵强則不朕（勝），木强則競（烘）。故强大居下，柔弱居上。

天之道，酉（猶）張弓也，高者印（抑）之，下者舉之，有余者云（損）之，不足者［補之。故天之道，］云（損）有余而益不足；人之道，云（損）不足而奉又（有）余。夫孰能又（有）余而［有以］奉於天者，唯又（有）道者乎？是以耵（聖）人爲而弗又（有），成功而弗居也。若此其不欲見賢也。

天下莫柔弱於水，［而攻堅强者莫之能勝，］以其無以易之也。水之朕（勝）剛也，弱之朕（勝）强也，天下莫弗知也，而莫［之能行］也。是故耵（聖）人之言云（損），曰：“受國之訽（垢），是胃（謂）社稷之主。受國之不祥，是胃（謂）天下之王。”正言若反。

［和大怨，必有余怨，焉可以］爲善？是以耵（聖）人執左芥（契）而不以責於人。故又（有）德司芥（契），無德司徹。［天道無親，恒與善人。］

《德》三千丗一

道，可道也，［非恒道也。名，可名也，非］恒名也。無名，萬物之始也。有名，萬物之母也。故恒無欲也，［以觀其眇（妙）；］恒又（有）欲也，以觀其所噭。兩者同出，異名同胃（謂）。玄之又玄，衆眇（妙）之門。

天下皆知美之爲美，亞（惡）已。皆知善，斯不善矣。［有、無之相］生也，難、易之相成也，長、短之相刑（形）也，高、下之相盈也，音（意）、聲之相和也，先、後之相隋（隨），恒也。是以耵（聖）人居無爲之事，行不言之教。萬物昔而弗始，爲而弗侍（恃）也，成功而弗居也。夫唯弗居，是以弗去。

不上賢，使民不爭。不貴難得之貨，使民不爲盜。不見可欲，使民不乣（亂）。是以耶（聖）人之治也：虛其心，實其腹；弱其志，强其骨。恒使民無知、無欲也。使夫知不敢，弗爲而已，則無不治矣。

道沖，而用之有弗盈也。淵呵，佁（似）萬物之宗。銼其兑（鋭），解其芬（紛）；和其光，同其塵。湛呵，佁（似）或存。吾不知其誰之子也，象帝之先。

天地不仁，以萬物爲芻狗。耶（聖）人不仁，以百姓爲芻狗。天地之閒，其猷（猶）橐籥輿（與）？虛而不淈，動而俞（愈）出。多聞數窮，不若守於中。

浴神、不死，是胃（謂）玄牝。玄牝之門，是胃（謂）天地之根。綿綿呵，其若存，用之不堇（勤）。

天長，地久。天地之所以能長且久者，以其不自生也，故能長生。是以耶（聖）人退其身而身先，外其身而身先，外其身而身存。不以其無私輿（與）？故能成其私。

上善如水。水善利萬物而有［不］爭，居衆人之所亞（惡），故幾於道矣。居善地，心善淵，予善天，言善信，正（政）善治，事善能，動善時。夫唯不爭，故無尤。

椬（殖）而盈之，不若其已。掘（揣）而允之，不可長葆也。金玉盈室，莫之能守也。貴富而驕，自遺咎也。功遂身退，天之道也。

載營柏（魄）抱一，能毋離（麗）乎？槫（搏）氣至柔，能嬰兒乎？脩除玄監，能毋有疵乎？愛民栝（治）國，能毋以知乎？天門啓闔，能爲雌乎？明白四達，能毋以知乎？生之，畜之，生而弗有，長而弗宰也,是胃(謂)玄德。

卅楅(輻)同一轂,當其無,有車之用也。燃(埏)埴而爲器,當其無,有埴器之用也。鑿户牖,當其無,有室之用也。故有之以爲利,無之以爲用。

五色使人目盲,馳騁田臘(獵)使人心發狂。難得之貨,使人之行仿(妨)。五味使人之口爽,五音使人之耳 聾 。 是 以耵(聖)人之治也,爲腹而不爲目。故去彼而取此。

弄(寵)辱若驚,貴大患若身。何胃(謂)弄(寵)辱若驚?弄(寵)之爲下也,得之若驚,失之若驚,是胃(謂)弄(寵)辱若驚。何胃(謂)貴大患若身?吾所以有大患者,爲吾有身也。及吾無身,有何患?故貴爲身於爲天下,若可以橐(託)天下[矣;]愛以身爲天下,女(如)可以寄天下矣。

視之而弗見,[名]之曰微。聽之而弗聞,命之曰希。搐之而弗得,命之曰夷。三者不可至(致)計(詰),故絪(緄)而爲一。一者,其上不謬,其下不忽。尋尋呵,不可命也,復歸於無物。是胃(謂)無狀之狀,無物之象。是胃(謂)沕(惚)望(怳)。隋(隨)而不見其後,迎而不見其首。執今之道,以御今之有。以知古始,是胃(謂)道紀。

古之 善 爲道者,微眇(妙)玄達,深不可志(識)。夫唯 不 可 志 (識),故强爲之容,曰:與呵,其若冬涉水。猷呵,其若畏四叟(鄰)。嚴呵,其若客。渙呵,其若淩澤(釋)。沌呵,其若樸。湷呵,其若濁。嚴呵,其若浴。濁而静之,徐清。女以重之,徐生。葆此道[者不]欲盈。是以能敝(敝)而不成。

至虚,極也;守静,督也;萬物旁作,吾以觀其復也。夫物祊(云)祊(云),各復歸於其根曰静。静,是胃(謂)復命。復命,常也;知常,明也;不知常,芒芒作凶。知常容,容乃公,公乃[王,王乃]天,天乃道,道乃[久。]没身不殆。

大上,下知又(有)[之;]其[次,]親譽之;其次,畏之;其下,母(侮)之。信不足,安有不信。猷呵,其貴言也。成功遂事,而百姓胃(謂)我自然。

故大道廢,安有仁義。知(智)慧出,安有大[偽。]六親不和,安又(有)孝兹(慈)。國家閽(昏)䒤(亂),安有貞臣。

絶耵(聖)棄知(智),而民利百倍。絶仁棄義,而民復孝兹(慈)。絶巧棄利,盗賊無有。此三言也,以爲文未足,故令之有所屬。見素抱樸,少私而寡欲。

絶學無憂。唯與呵,其相去幾何?美與亞(惡),其相去何若?人之所畏,亦不可以不畏人。望(恍)呵,其未央才(哉)!衆人凞(熙)凞(熙),若鄉(饗)於大牢,而春登臺。我博(泊)焉未垗(兆),若嬰兒未咳。纍呵,伯(似)無所歸。衆人皆又(有)余。我愚人之心也,湷湷呵,鬻(俗)人昭昭,我獨若閩(昏)呵。鬻(俗)人察察,我獨閩(閔)閩(閔)呵。沕(惚)呵,其若海。望(恍)呵,若無所止。衆人皆有以,我獨閲(頑)以鄙。吾欲獨異於人,而貴食母。

孔德之容,唯道是從。道之物。唯朢(恍)唯汹(惚)。汹(惚)呵朢(恍)呵,中又(有)象呵。朢(恍)呵汹(惚)呵,中有物呵。幼(窈)呵冥呵,其中有請(精)呵。其請(精)甚真,其中有信。自今及古,其名不去,以順衆父。吾何以知衆父之然也?以此。

炊(跨)者不立。自視者不章,自見者不明,自伐者無功,自矜者不長。其在道也,曰:"粽(餘)食、贅行。"物或亞(惡)之,故有欲者弗居。

曲則全,汪(枉)則正;窪則盈,斃(敝)則新;少則得,多則惑。是以耵(聖)人執一,以爲天下牧。不自視故章,不自見也故明,不自伐故有功,弗矜故能長。夫唯不爭,故莫能與之爭。古之所胃(謂)曲全者,幾語才(哉)?誠全歸之。

希言自然。蘮(飄)風不冬(終)朝,暴雨不冬(終)日。孰爲此?天地而弗能久有,有(又)兄(況)於人乎?故從事而道者同於道,德者同於德,失者同於失。同於德者,道亦德之。同於失者,道亦失之。

有物昆(混)成,先天地生。蕭(寂)呵漻(寥)呵,獨立而不玹(改),可以爲天地母。吾未知其名也,字之曰道。吾強爲之名曰大。大曰筮(逝),筮(逝)曰遠,遠曰反。道大,天大,地大,王亦大。國中有四大,而王居一焉。人法地,地法天,天法道,道法自然。

重爲輕根,静爲趮(躁)君。是以君子冬(終)日行,不遠其甾(輜)重。雖有環(營)官(館),燕處則昭若。若何萬乘之王而以身輕於天下?輕則失本,趮(躁)則失君。

善行者無達(徹)迹,善言者無瑕適(讁),善數者不用檮(籌)笄(策)。善數閉者無關籥,而不可啓也。善結者無縲約,而$\boxed{不}$可解也。是以耶(聖)人恒善悑(救)人,而無棄人,物無棄財,是胃(謂)曳明。故善人,善人之師;不善人,善人之資也。不貴其師,不愛其資,雖知(智)乎大迷。是胃(謂)眇要。

知其雄,守其雌,爲天下雞(谿)。爲天下雞(谿),恒德不離。恒德不離,復[歸於嬰兒。知]其白,守其辱,爲天下恒浴(谷)。爲天下浴(谷),恒德乃足。恒德乃足,復歸於樸。知其白,守其$\boxed{黑}$,爲天下式。爲天下式,恒德不貸(忒)。恒德不貸(忒),復歸於無極,樸散(散)則爲器,耶(聖)人用則爲官長,夫大制無割。

將欲取[天下而爲之者,吾見其不]得已。夫天下,神器也,非可爲者也。爲之者敗之,執之者失之。故$\boxed{物}$或行或隋(隨),或熱,或墮,或陪(培)或墮。是以耶(聖)人去甚,去大(太),去諸(奢)。

以道佐人主,不以兵强於天下,其[事好還,師之所處,荆]$\boxed{棘}$生之。善者果而已矣,毋以取强焉。果而毋驕,果而勿矜,果而[毋]伐,果而毋得已居。是胃(謂)果而强。物壯而老,胃(謂)之不道,不道蚤(早)已。

夫兵者,不祥之器也。物或亞(惡)[之,故有道者不處。是以君]子居則貴左,用兵則貴右,故兵者非君子之器。兵者不祥[之]器也,不得已而用之,銛憷爲上;勿美也!若美之,是樂殺人也。夫樂殺人,不可以得志於天下矣。是以吉事[尚左,凶事尚]右;是以偏將軍居左,而上將軍居右,言以喪禮居之也。殺[人衆,以悲哀]立(涖)之,單(戰)朕(勝)而以喪禮處之。

道恒無名。樸唯(雖)小而天下弗敢臣,侯王若能守之,萬物將自賓。天地相合,以俞(渝)甘洛(露)。[民莫之]令,而自均焉。始制有名,名亦既有,夫亦將知止,知止所以不殆。卑[道之]在天下也,猷(猶)小浴(谷)之與江海也。

知人者,知(智)也。自知,明也。朕(勝)人者,有力也。自朕(勝)者,強也。知足者,富也。強行者,有志也。不失其所者,久也。死而不忘者,壽也。

道,汎(氾)呵,其可左右也,成功遂[事而]弗名有也。萬物歸焉而弗爲主,則恒無欲也,可名於小。萬物歸焉而弗爲主,可命(名)於大。是以耵(聖)人之能成大也,以其不爲大也,故能成大。

執大象,天下往。往而不害,安平太。樂與(餌,)過格(客)止。故道之出言也,曰淡呵,其無味也。視之,不足見也。聽之,不足聞也。用之,不可既也。

將欲擒(禽)之,必古(固)張之。將欲弱之,必古(固)強之。將欲去之,必古(固)與之。將欲奪之,必古(固)予[之。]是胃(謂)微明。柔弱朕(勝)強。魚不可說(脱)於淵,國利器不可以示人。

　　道恒無名,侯王若能守之,萬物將自化。化而欲作,吾將闐之以無名之樸。闐之以無名之樸,夫將不辱。不辱以静,天地將自正。

《道》二千四百廿六

郭店楚墓竹简《老子》

据荆门市博物馆编,文物出版社 1998 年 5 月版

说明:■原简上的分章分段标志; □原简上可推定残缺字数者; ……
原简上完全残缺者; ( )原简上假借字、异体字的正字; 〈 〉原简上错字的
正字。

甲　　本

丝(絶)智(知)棄卞(辯),民利百伓(倍)。丝(絶)攷(巧)弃
利,覞(盗)惻(賊)亡又(有)。丝(絶)憍(僞)棄慮,民復(復)季
〈孝〉子(慈)。三言以爲叟(辨)不足,或命(令)之或虍(乎)豆
(屬)。視索(素)保僕(樸),少厶(私)須〈寡〉欲。江海(海)所以
爲百浴(谷)王,以其能爲百浴(谷)下,是以能爲百浴(谷)王。聖
人之才(在)民前也,以身後之;其才(在)民上也,以言下之。其才
(在)民上也,民弗厚也;其才(在)民前也,民弗害也。天下樂進而
弗詀(厭)。以其不静(爭)也,古(故)天下莫能與之静(争)。辠
(罪)莫厚虍(乎)甚欲,咎莫僉(憯)虍(乎)谷(欲)得,化(禍)莫大
虍(乎)不智(知)足。智(知)足之爲足,此互(恆)足矣。以衍(道)

差（佐）人宝（主）者，不谷（欲）以兵强於天下。善者果而已，不以取强。果而弗發（伐），果而弗喬（驕），果而弗矜（矜），是胃（謂）果而不强。其事好。長古之善爲士者，必非（微）溺玄達，深不可志（識），是以爲之頌（容）：夜（豫）虖（乎）奴（若）冬涉川，猷（猶）虖（乎）其奴（若）愄（畏）四叟（鄰），敢（嚴）虖（乎）其奴（若）客，觀（渙）虖（乎）其奴（若）懌（釋），屯虖（乎）其奴（若）樸，坉虖（乎）其奴（若）濁。竺（孰）能濁以束（靜）者，牆（將）舍（徐）清。竺（孰）能庀以迬者，牆（將）舍（徐）生。保此衍（道）者不谷（欲）端（尚）呈（盈）。爲之者敗之，執之者遠之。是以聖人亡爲古（故）亡敗；亡執古（故）亡遊（失）。臨事之紀，誓（慎）冬（終）女（如）忓（始），此亡敗事矣。聖人谷（欲）不谷（欲），不貴難得之貨，孝（教）不孝（教），復衆之所冘（過）。是古（故）聖人能尃（輔）萬勿（物）之自肰（然），而弗能爲。衍（道）互（恆）亡爲也，侯王能守之，而萬勿（物）牆（將）自愲（化）。愲（化）而雒（欲）复（作），牆（將）貞（鎮）之以亡名之斲（樸）。夫亦牆（將）智（知）足，智（知）以束（靜），萬勿（物）牆（將）自定。■爲亡爲，事亡事，未（味）亡未（味）。大少（小）之多惕（易）必多戁（難）。是以聖人猷（猶）戁（難）之，古（故）終亡戁（難）。■天下皆智（知）敚（美）之爲敚（美）也，亞（惡）已；皆智（知）善，此其不善已。又（有）亡之相生也，戁（難）惕（易）之相成也，長耑（短）之相型（形）也，高下之相涅（盈）也，音聖（聲）之相和也，先後之相墮（隨）也。是以聖人居亡爲之事，行不言之孝（教）。萬勿（物）俈（作）而弗忓（始）也，爲而弗志（恃）也，成而弗居。天〈夫〉

唯弗居也,是以弗去也。■道互(恆)亡名,僕(樸)唯(雖)妻(微),天陞(地)弗敢臣,侯王女(如)能獸(守)之,萬勿(物)酒(將)自宥(賓)。■天陞(地)相合也,以逾甘雺(露)。民莫之命(令)天〈而〉自均安。訂(始)折(制)又(有)名。名亦既又(有),夫亦酒(將)智(知)止,智(知)止所以不訂(殆)。卑(譬)道之才(在)天下也,猷(猶)少(小)浴(谷)之與江海(海)。

又(有)狀蟲〈蚰〉成,先天陞(地)生,敓繆(穆),蜀(獨)立不亥(改),可以為天下母。未智(知)其名,孳(字)之曰道,虗(吾)强(强)為之名曰大。大曰澫,澫曰逯〈遠〉,逯〈遠〉曰反(返)。天大,陞(地)大,道大,王亦大。國中又(有)四大安,王尻(居)一安。人法陞(地),陞(地)法天,天法道,道法自狀(然)。■天陞(地)之刃(間),其猷(猶)囥(橐)籥〈籥〉與?虛而不屈,湩(動)而愈出。

至虛,互(恆)也;獸(守)中,篤(篤)也。萬勿(物)方(旁)复(作),居以須復也。天道員員,各復其堇(根)。其安也,易柒也。其未菲(兆)也,易悔(謀)也。其霈(脆)也,易畔(判)也。其幾也,易後(散)也。爲之於其亡又(有)也。絧(治)之於其未亂。合□□□□□末,九成之臺甲□□□□□□□□□足下。智(知)之者弗言,言之者弗智(知)。閟〈閉〉其说(兌),賽(塞)其門,和其光,迵(同)其新(塵),劙其顄,解其紛,是胃(謂)玄同。古(故)不可得天〈而〉新(親),亦不可得而疋(疏);不可得而利,亦不可得而害;不可得而貴,亦可不可得而戔(賤)。古(故)爲天下貴。■以正之(治)邦,以㦅(奇)甬(用)兵,以亡事取天下。虖(吾)可(何)以智(知)其狀(然)也。夫天多期(忌)韋(諱),而民爾(彌)畔(叛)。民多利器,而邦慈(滋)昏。人多智(知)天〈而〉㦅(奇)勿(物)慈(滋)记(起)。法勿(物)慈(滋)章(彰),頹(盜)惻(賊)多又(有)。是以聖人之言曰:我無事而民自蛊(富)。我亡爲而民自蠢(化)。我好青(静)而民自正。我谷(欲)不谷(欲)而民自樸。

畬(含)𢛳(德)之厚者,比於赤子,蛊(蜮)蠆蟲它(蛇)弗螫(螫),攫鳥猷(猛)獸弗扣,骨溺(弱)董(筋)秣(柔)而捉固。未智(知)牝戊(牡)之合然蕜(怒),精之至也。終日啻(乎)而不慰(憂),和之至也,和曰㬟〈棠(常)〉,智(知)和曰明。賹(益)生曰羕(祥),心夏(使)燹(氣)弻(强),勿(物)壐(壯)則老,是胃(謂)不道。■名與身筶(孰)新(親)?身與貨筶(孰)多?賞(得)與貢(亡)筶(孰)疠(病)?其忩(愛)必大賈(費),局(厚)贄(藏)必多貢(亡)。古(故)智(知)足不辱,智(知)止不怠(殆),可以長舊(久)。■返也者,道僮(動)也。溺(弱)也者,道之甬(用)也。天下之勿(物)生於又(有),生於亡。■枲而涅(盈)之,不不若已。湍而羣之,不可長保也。金玉涅(盈)室,莫能獸(守)也。貴福(富)喬(驕),自遺咎也。攻(功)述(遂)身退,天之道也。

乙 本

　　絽(治)人事天,莫若嗇。夫唯嗇,是以㮮(早),是以㮮(早)備(服)是胃(謂)……①不克則莫智(知)其亙〈亟(極)〉,莫智(知)其亙〈亟(極)〉可以又(有)郬(國)。又(有)郬(國)之母,可以長……,長生舊(舊=久)視之道也。■學者日益,爲道者日員(損)。員(損)之或員(損),以至亡爲也,亡爲而亡不爲。灓(絕)學亡㥑(憂),唯與可(呵),相去幾可(何)?岂(美)與亞(惡),相去可(何)若?人之所褆(畏),亦不可以不褆(畏)。人悤(寵)辱若纓(驚),貴大患若身。可(何)胃(謂)悤(寵)辱?悤(寵)為下也。得之若纓(驚),遊(失)之若纓(驚),是胃(謂)悤(寵)辱纓(驚)。□□□□□若身?虗(吾)所以又(有)大患者,為虗(吾)又(有)身。返(及)虗(吾)亡身,或[可](何)□□□□□□為天下,若可以厇(託)天下矣。怎(愛)以身為天下,若可(何)以迲天下矣。

　　上士昏(聞)道,菫(勤)能行於其中。中士昏(聞)道,若昏(聞)若亡。下士昏(聞)道,大芙(笑)之。弗大芙(笑),不足以為道矣。是以建言又(有)之:明道女(如)孛(費),遲(夷)道□□□

---

①　缺簡或無法辨認簡文字數之處,用刪節號"……"表示(其餘刪節號使用,同此意)。

道若退。上惪(德)女(如)浴(谷),大白女(如)辱,坓(廣)惪(德)女(如)不足,建惪(德)女(如)□□貞(真)女(如)愉。大方亡禺(隅)大器曼成,大音祇聖(聲),天象亡坓(形)道……

閔(閉)其門,賽(塞)其逸(兌),終身不𥧌。啟其逸(兌),賽其事,終身不逨。■大成若夬(缺),其甬(用)不幣(敝)。大涅(盈)若中(盅),其甬(用)不穿(窮)。大攷(巧)若仳(拙),大成若詘,大植(直)若屈。■杲(燥)勑(勝)蒼(滄),青(清)勑(勝)然(熱),清清(靜)為天下定(正)。善建者不拔,善仳者不兌(脫),子孫以其祭祀不屯。攸(修)之身,其惪(德)乃貞(真)。攸(修)之豪(家),其惪(德)又(有)舍(餘)。攸(修)之向(鄉),其惪(德)乃長。攸(修)之邦,其惪(德)乃奉(豐)。攸(修)之天下□□□□□□□豪(家),以向(鄉)觀向(鄉),以邦觀邦,以天下觀天下。虘(吾)可(何)以智(知)天□□□□

丙　本

大上下智(知)又(有)之,其即(次)新(親)譽之,其既〈即(次)〉愄(畏)之,其即(次)柔(侮)之。信不足,安又(有)不信。猷(猶)虖(乎)其貴言也。成事述(遂)社(功),而百眚(姓)曰我自肰(然)也。古(故)大道登(廢),安有悬(仁)義。六新(親)不和,安有孝孥(慈)。邦豪(家)緍(昏)□安又(有)正臣。

埶大象,天下往。往而不害,安坪(平)大。樂與餌,怂(過)客止。古(故)道□□□,淡可(呵)其無味也。視之不足見,聖(聽)之不足䎽(聞),而不可既也。

君子居則貴左,甬(用)兵則貴右。古(故)曰兵者□□□□□□得已而甬(用)之。銛纏為上,弗妣(美)也。敚〈美〉之,是樂殺人。夫樂□□□以得志於天下。古(故)吉事上左,喪事上右。是以卞(偏)牆(將)軍居左,上牆(將)軍居右,言以喪豊(禮)居之也。古(故)殺□□,則以怯(哀)悲位(莅)之;戰勅(勝)則以喪豊(禮)居之。

為之者敗之,執之者遊(失)之。聖人無為,古(故)無敗也;無執,古(故)□□□。新(慎)終若訂(始),則無敗事喜(矣)。人之敗也,亙(恆)於其叡(且)成也敗之。是以□人欲不欲,不貴戁

（難）得之貨；學不學，復眾之所迆（過）。是以能捕（輔）墳（萬）勿（物）之自肰（然），而弗敢為。

老学源流

一

老子之学发轫于荆楚,但老子不是乡曲之士,他曾到过北方,当过周守藏史,熟悉历史文献记载,接触社会现实腐败现象。他的思想可以概括为三个来源和三个组成部分。

第一个来源,它继承荆楚文化的特点,贵淳朴自然,反雕琢文饰。

第二个来源,老子博学多闻,善于吸取古代文化遗产,总结前人经验。

第三个来源,老子亲眼看到春秋时期社会的混乱,旧秩序的崩溃,仁义口号的虚伪性。

这三个来源,很自然地构成了老学独特的思想体系,成为中国与儒学对峙并存长达两千多年的唯一流派。

这三个不同来源的思想,在《老子》书中都可以找到。

老子思想来源于荆楚文化,首先表现为对"水"的歌颂。荆楚水乡,以水滋养万物的印象,远远超过北方。孔子也讲到过水,慨叹"逝者如斯夫,不舍昼夜",体察万物的变动不居;孔子还说,"仁者乐山,智者乐水",体察水的特点与智者有相似之处。老子对水的歌颂与理解大大超过生活在北方邹鲁的孔子。老子称赞水的美德："上善若水,水善利万物而不争,处众人之所恶,故几于道。"（八章）"大道汜兮,其可左右。"（三十四章）把水比作道。又说"江海之所以能为百谷王者,以其善下之,故能为百谷王。"（六十六章）"天下莫柔弱于水,而攻坚强者莫之能胜,其无以易之。"（七十八章）。

《老子》书中常借用植物生长的例子,说明贵柔的道理。植物幼苗柔弱而有生命力,植物壮大后,则枯槁而接近死亡。先秦古籍中,孔子、墨子、孟子的著作中经常信手举出身边事例来说明各自的理论,他们举出的例子既反映作者的个性,也反映了他们的社会性。

《老子》书中还经常从前人经验和古文献中吸取有用的东西。如：

古之善为士者（马王堆甲本作"善为道者"）,微妙玄通,深不可识。夫唯不可识,故强为之容。（十五章）接着描述古之善为士者,具有自然、朴素、谦退、谨慎、严肃、旷达、包容等品格。

建言有之：明道若昧,进道若退,夷道若颣,上德若谷,大白若辱,广德若不足,建德若偷,质真若渝。大方无隅,大器晚成。大音希声,大象无形。（四十一章）。

盖闻善摄生者,陆行不遇兕虎,入军不被甲兵。兕无所投其角,虎无所措其爪,兵无所容其刃。夫何故？以其无死地。（五十章)。

故圣人云："我无为,而民自化;我好静,而民自正;我无事,而民自富;我无欲,而民自朴。"(五十七章)

古之善为道者,非以明民,将以愚之。(六十五章)

用兵有言："吾不敢为主,而为客;不敢进寸,而退尺。"(六十九章)

老子讲的"用兵有言"是什么兵书上讲的,已无可考,看来是一种成说,而不是老子首先提出的。《老子》书中的"建言有之"、"盖闻"、"圣人云"、"古之善为道者",表明这些说法都有来历。老子曾主管周王朝的图书馆(守藏史),他所见到的历史文献不见得比孔子少,但老子引用古文献并不多,也说明老子能利用古文献而不特别看重文献的特点。

老子因亲眼看到当时从中央周王朝到地方诸侯的混乱无序而失望。同时代的孔子也看到当时的社会混乱无序。由于观察问题角度不同,他们的改革方案也不同。老子抨击当时的社会弊端。如:

夫唯兵者,不祥之器。(三十一章)

天下有道,却走马以粪;天下无道,戎马生于郊。(四十六章)

民之饥,以其上食税之多,是以饥。(七十五章)

大道废,有仁义;慧智出,有大伪。(十八章)

绝圣弃智,民利百倍;绝仁弃义,民复孝慈。(十九章)

夫礼者,忠信之薄而乱之首。(三十八章)

老子深刻地看到在仁、义、礼等口号下产生的种种弊端,他放弃仕途而走向隐逸的道路。老子思想比孔子更接近农民、接近农村,与官方朝廷保持一定距离。

《史记》有一段记载孔子问礼于老子时他们的对话:

孔子适周,将问礼于老子。老子曰:子所言者,其人与骨皆已朽矣,独其言在耳。且君子得其时则驾,不得其时则蓬累而行。吾闻之,良贾深藏若虚,君子盛德,容貌若愚。去子之骄气与多欲、态色与淫志,是皆无益于子之身。吾所以告子,若是而已。(《史记》卷六十三)

孔子向老子问礼,孔子已相当知名,并开始讲学授徒,孔子的志趣并没有世俗人那样追求声色之好。老子却责斥他"骄气"、"多欲",从而可见老子、孔子二人的价值观有极大的差异。

二

老子对中华民族的影响也有三个大的流向。

老学在哲学方面,对辩证法思想有极深远的影响。中国哲学中辩证法思想十分丰富,辩证法中有刚健为主的一派,以《易传》为代表;以柔弱为代表的一派,则导源于老子。中国哲学有以伦理实践为主的流派,起源于孔子;以高度抽象思辨为主的流派,则起源于老子。老子的抽象思辨发展到魏晋时期,形成魏晋玄学,以王弼《老子注》为高峰,从此开创了哲学史的一个新阶段。说老子开创了中国哲学本体论的先河,并不过分。

老学在宗教方面影响也很深远。东汉以后,道教兴起,最初张鲁在汉中创五斗米道,教信徒们诵习《老子》五千文以祈福免祸。此后,张鲁及其信徒徙往内地,五斗米道也在内地广为传播。

东汉河上公注《老子》,讲养气、炼形,又讲治国、救世。《老子想尔注》是以注《老子》的方式来发挥道教思想的一部重要著作。东汉严君平是由哲学向宗教过渡的《老子》著作的阐释者。

此后,修炼外丹者(丹鼎派)借用《老子》名义的著作很多。借用《老子》注释的名义修炼内丹(心性修炼)的著作也很普遍。由道教修炼派生的气功与武术成为中华民族的文化遗产。老子与道教奉祀的"太上老君"有若即若离的关系。《道藏》(道教全书)中以《老子》或《道德经》的名义的著作极多,成为道教的必读经典,虽与老子本人无关,却不能不承认老学影响的广泛。

老学思想对中国政治也有极深远的影响。汉初黄老之学,曾导致治理战后创伤的有效政策的产生。此后每逢大乱之后,必采取清静无为的政策方针,与民休息,其指导思想多来自老学。老学的重要性,也经常引起历代帝王的重视。帝王以在朝当权者的身份宣传老子学说,与治国之术相结合,唐玄宗李隆基、宋徽宗赵佶、明太祖朱元璋都曾亲自撰写关于《老子》的注释。他们虽不能懂得老子的理论,却感到有必要利用老子的社会影响。如朱元璋认为《老子》一书,是"王者之上师,臣民之极宝"①。

老学还启发了中国重要的军事思想,以黄帝《阴符经》为名义的兵书,渊源于老子。

北宋以后,儒教成为势力最大的中国教派,佛、道二教沦为儒教的附庸。在大量儒教著作中,老子的思想也受到极大的关注。吕惠卿、司马光、苏辙、彭耜,元代的吴澄,都从三教会同的角度讲解老子。苏轼为苏辙的《老子注》作跋,说:"使汉初有此书,则孔子老子为一;使晋唐有此书,佛道不二。"②

中华民族五千年的文明史,五千年间社会不断发展,学术理论也随之发展。孔子、老子的学说虽是两千多年前出现的理论,但后来的注释者不断以注释代替著作,以述为作。我们不认为老子的学说本身有长久不变的影响力,而是由于中国学术的传统习惯,不断对古代著作随时给予富于时代精神的解释。每一个新时代的解释中都注入了每一时代的新内容。老学看来万古常新,正是由于广大研究者随时注入新内容,新解释,所以它不会成为不变的考古

附
录

① 《道藏》卷十一,《大明太祖高皇帝御注道德真经序》,北京:文物出版社,明正统道藏本,1988年影印,第689页。

② 《四库全书汇编提要》子部十四,文津阁《四库全书》,北京:商务印书馆,2006年印,第775页。

研究的对象,而是人们生活中不可中断的精神营养。各种注释无不带有时代的烙印。近代严复以进化论的观点评点《老子》,为他的改革中国政治寻找理论根据,就是一例。

中国古书中,注释最多的书有两部,一部是儒家的《易》,一部是道家的《老子》。《易》注,不下三四千种,《老子》注,也有千余种。并不是这两部书包含的道理丰富到非有数千种注释不可,而是由于社会的发展、人类的进步,随时有新的内容,要借用古代最有权威、人人都相信的著作的名义,讲明作者的思想。如果有人根据注释者的解释去回溯古代《老子》原著的本来面目,往往会失望的。如果根据不同时代的丰富的注释著作去认识各个时代的学术发展面貌,则是可取的,也是会收到实效的。

从老学的"源"可以看出中华民族的文化在春秋时期的地区文化特色。中华民族不只起源于黄河流域,说黄河流域是中华民族文化的摇篮是对的,但不全面。长江流域也是中华民族文化的摇篮。以黄河、长江两大流域为中心,由此向周边辐射出去,从而形成中华文化圈,影响到周边地区和邻国。

中华文化没有孔子,不成其为中华文化;同样,没有老子,也不成其为中华文化。对儒道两家本身及流派研究得愈透彻,对中国认识得愈全面。

当然,我们也不能说中国秦汉以来两千年是孔子思想支配的,或者是老子思想支配的。因为两千年间,老学、孔学不断增加新内容,有些内容是老学中原有的,但未阐发得充分;也有些纯属于后人的思想,挂在古人名下阐发出来的,是古人不曾有过的思想。"中华文化既古老又年轻",其原因也在于此。

我对《老子》认识的转变

解放后关于《老子》的争论,我也是参加者之一,当时集中探讨老子的哲学是唯心主义还是唯物主义。学术界曾一致认为这是个十分重要的问题,这个问题不解决,先秦哲学史就写不下去。各方面参加者争论是热烈的,态度也是认真的。主张老子属于唯心主义的,和主张老子属于唯物主义的,都写了不少文章,结果没有争出个分晓来,任何一方都没有把对方说服。十年动乱以后,学术界又提出了这个问题,第二次开展了关于老子哲学的讨论,由于十年动乱,人们还来不及深入钻研,从发表的文章看,还没有看到有什么重大的突破,只是双方的主张者,从人数方面看,似乎主张老子属于唯物主义的人,比五十年代第一次讨论时略为增加。

我一向认为老子哲学思想比孔子、孟子都丰富,对后来的许多哲学流派影响也深远。总期望把它弄清楚。1963 年出版的《中国哲学史》教科书认为老子是中国第一个唯物主义者;1973 年出版的《中国哲学史简编》(是四卷本的缩写本),则认为老子属于唯心主义。主张前说时,没有充分的证据把主张老子属于唯心主义者的观点驳倒;主张后说时(《简编》的观点),也没有充分证据把主张老子属于唯物主义者的观点驳倒。好像攻一个坚城,从正面攻,背面攻,都没有攻下来。这就迫使我停下来考虑这个方法对不对。正面和背面两方面都试验过,都没有做出令人信服的结论来,如果说方法不对,问题出在哪里? 我重新检查了关于老子辩论的文章,实际上是检查自己,如果双方的论点都错了,首先是我自己的方法错了。定性为唯物主义和唯心主义都不对。老子当时没有这个问题,是后来人硬要强加上去的。我想替老子说清楚,结果反而弄得不清楚了。

寿命最短的黄老学派
效应长久的黄老思想

　　黄老之学,兴于汉初也消亡于汉初。从兴起到消亡,只有七十年左右。我国自古以来学术流派众多,但在同一时期遍及全国各地区,并得到政府认同支持的并不多。只有黄老学派的势力曾推广到全国各地,覆盖黄河长江两大流域的广大地区,上自中央政府下及地方官吏,共同贯彻。老子学派的社会基础是个体农民,老子哲学的中心思想是维护农民的利益。比如反对城市繁华奢侈,歌颂农村的自然生活。使农民"甘其食,美其服,乐其居"。"不见可欲,使民心不乱"。反对战争,认为战争使人民受害。战后的创伤也一时难以恢复,"大兵之后,必有凶年"。反对重税,"民之饥,以其上食税之多,是以饥"。"民之难治,以其上之有为"。这些表述都出自小农的内心企求。秦朝无法实现的这些愿望,在汉初,都不同程度地满足了。汉文帝时期农民赋税为三十税一,在中国历史上算是最轻的。

　　还要看到汉代是一个前所未有的多民族大国。统辖的范围几乎包括黄河长江两大流域的广大地区,南到岭南北临大漠,全国范围内民族众多,风俗语言各异。为了统治这样的大国,政府要权力高度集中,行政效率要坚决有力,否则,无法进行有效的管理。治国思想是法家思想体系,强化君主的绝对统治权力。在全国设置郡县,郡县长官直接由皇帝任命,不能世袭。地方行政只是代中央执行政令,而不能自行立法。

小农经济是个体的、分散的、自然经济的模式,而中央政府则要求高度集中的有效管理。如果按照农民的愿望,完全满足农民的利益,势必削弱中央的权力;同时,还要看到分散的个体农民需要有一个强有力的政府保护。有了统一的政府,对内可以免于内战,对外能有效地抵抗外来入侵,遇到灾害年景,可以得到政府统筹救济。农民希望政府减轻劳役,强有力而不过分的严苛。

先秦法家主要为君主设计富国强兵的理论。秦朝用暴力统一天下之后,仍然用暴力的办法治理天下,却失败了。因为统一以前秦国管辖范围只限于今天陕西、川陇为中心部分地区。民工自带口粮应召服劳役,行程不太远,工程量也不太大。参加战争,因军功还可能有改善处境的可能。统一六国以后,辖区扩大到长江、黄河两大流域,东到东海,北到大漠以南。征募全国劳役修长城,修驰道,建宫殿,建陵墓,每项工程调动几十万民工。农民出工,自带口粮,从几千里外到指定地服劳役,完全超过了个体农民承受的能力。秦朝灭亡,不是外面的力量,而是内部揭竿而起的农民。

汉代第一代皇帝刘邦就是亲身参加农民起义的一位领导者。刘邦取得天下后,认识到用武力可取得天下,但管理天下不能专靠武力。黄老思想应运而生。

　　黄老思想的两大基本原则是既要维护中央集权的有效统治，又要照顾到广大农民的利益，使他们安居乐业，吃饱肚子。汉朝初期黄老思想的主旋律，在于轻徭薄赋与民休息。这一政策实行了七十年，收到实效，国家粮库的旧粮用不完又加入新粮。几十年下来，以致"太仓之粟陈腐不可食"。国家经过七十年几代皇帝的治理，国力充实了，为汉武帝创造了施展其雄才大略，建立文治武功的条件。黄老思想最活跃的时期也正是汉建国后到文帝、景帝及武帝初期。武帝壮年以后，放弃黄老，推尊儒术，儒学（后来演变为儒教）兴起，"黄老学派"从此消失。

　　黄老学派的"老"是老子，"黄"指的是炎黄民族信奉的始祖黄帝。在春秋战国时期，诸子百家争鸣，未发现"黄老学派"，它想在思想界争得一席之地，才抬出黄帝以壮声势。黄帝是中华民族公认的领袖。古代思想家为了增加本学派的声望，儒家孔子尊周公，墨家尊禹，孟子尊尧舜。"黄老学派"自称继承黄帝、老子的思想，实质上是老子加秦朝的法家。汉初人对秦朝的暴政记忆犹新，对法家反感。但是，为了全国统一的有效管理，又必须树立一种强制型的治国理论。汉朝有意回避它与秦朝的继承关系，于是出现了"黄老学派"。

　　实际上，《老子》思想中也有统治人民的愚民思想。国君不使百姓有知识，但要保证老百姓吃饭、穿衣、居住等生活的基本条件。韩非把百姓看成耕田作战工具。老子与韩非看似互不相干的两家，却有一条暗流互相沟通。司马迁的《史记》把老子与韩非合在一起，写成《老子韩非列传》。古人曾指责司马迁分类不当，认为老子不应与韩非摆在一起，其实两家有相融相通处，《史记》的安排并不能算错，而且是可以理解的。

黄老学派退出历史舞台，它的著作没有机会流传，长期湮没，人们已不知道黄老学派有哪些文献著作。1973 年长沙出土帛书《经法》、《十六经》等四种佚书，第一次提供了黄老学派的哲学著作。提出"道"的概念，认为道有规律可循，"合于道者谓之理，理之所在谓之顺；物之不合于道者谓之失理，失理之所者谓之逆"①。《黄帝四经》认为天下事物即使最细小如秋毫，也都有它的"形"和"名"，所以循名察实。这是先秦韩非思想中经常提及的君主用以考察臣下的方法。黄老思想经常把"道"与"天地"看作同义语，但不及老子的深刻。也主张虚无生有，有生于无，与老子相同，也讲到对立事物如顺逆、生死、文武、刑德、祸福等，可以互相转化，善于利用可以得益，不懂得利用即受害，与老子相同。"刑"与"德"也是相辅相成的关系，主张文武并用，"因天之生也以养生，谓之文；因天之杀也以伐死，谓之武。文武并行，则天下从矣"②。两者虽同样重要，但应学习天道，多用生，少用杀，多用德，少用刑。天有四时，春夏秋为生，冬为杀。生为文，杀为武，文武结合，三分文，一分武，

---

① 马王堆汉墓帛书整理小组编：马王堆汉墓帛书《经法》，北京：文物出版社，1976 年，第 28 页。

② 陈鼓应：《黄帝四经今注今译》，北京：商务印书馆，2007 年，第 65 页。

四时中,三季(春、夏、秋)为生,一季(冬)为杀,是顺乎天意的。《黄帝四经》重视平衡和调和,提出了"度"、"极"、"当"、"宜"等概念,反对过分,提倡适度。

黄老学派还强调老子贵柔守雌的思想,提出"雌节"这个概念,刚柔、阴阳、雌雄矛盾的主导一方是柔、阴、雌,而刚强的一方居从属地位。这相同于老子的思想。《十六经》中说"立于不敢,行于不能","重柔者吉,重刚者灭"。这些理论在汉初十分流行,这些思想老子思想都有,并不新鲜。因此,汉初黄老学派的哲学部分,有的被后来的更有力的学派所吸收,如董仲舒的天人合一思想;有一部分本来是老子思想的重复。老子学派早于黄老学派,而且影响深远,黄老学派中与老子哲学重复的部分,老子讲过的,没有重复的必要,自然消亡。

唯一能代表黄老思想特色的是其中的无为而治的政治思想。随着汉代经济的恢复,由"无为而治"转向儒家的"刚健进取",后来儒家成为主流、正统,黄老无为精神完成它的历史使命,退出历史舞台。

汉以后,儒家发展成儒教,其他流派没有登台表现的机会,只有在儒教大旗下,夹带一些非儒教的内容。学术台面上能公开亮出的旗帜的有孔子、老子两家。孟子为孔子的辅翼。其他学派游离孔、老两家之间,说到底只有孔孟与老庄四派两家而已。

后　　记

　　1956 年,接受为东欧保加利亚到北大读书的留学生讲授中国的"老子"哲学的任务。首先要有适当的教材。当时北大图书馆的外文译本有英译本十来种。我看了,都不大满意,有的把原文理解错了,有的不知所云。于是只好自己先把它译成现代汉语。外文译本也都是译成现代外语的。

　　在讲义的基础上,修改、参照历代注释,整理出版,称为《老子今译》。最先由古籍出版社出版。

　　后来,在中国哲学史教学中,发现《老子》哲学的重要性,非同寻常,对《今译》有所修订,在上海古籍出版社出版了《老子新译》。这时在湖南长沙发现了帛书《老子》甲、乙本。文字上有所差异,有助于理解《老子》。

　　又过了几年,四川巴蜀书社约我主编一套"哲学古籍全译",计划从先秦到明清,选出一系列的重要典籍译为现代汉语(可惜由于各种原因,这套书未能全部完成)。我又把《老子》重译了一次,书名为《老子全译》。

　　马王堆帛书本,体现了汉初《老子》书的面貌,后来湖北荆门楚墓出土竹简本《老子》甲、乙、丙本,写成约在公元前 300 年,它体现了战国时期的《老子》面貌。我决定对《老子》作第四次翻译。

凡是翻译,必然加进译者的解释或阐发,古文今译,中外文互译,译文经常比原文的字数要多出约四分之一到三分之一。

"绎",有阐发、注解、引伸的涵义,每一次关于《老子》的翻译都伴着我的理解和阐释,因此,这第四次译《老子》称《老子绎读》。

每一个民族都有自己的文化,各民族文化都丰富了人类文化宝库。但不是每一个民族都有自己的哲学,没有文字的民族产生不了哲学。地球上人类存在了200万年,有哲学才不过3000年。

现在有世界影响的哲学思想共有三个原型体系,一个在欧洲,两个在亚洲(印度次大陆和中国大陆)。三个哲学原型体系,分别孳生出众多的哲学体系和流派。

西汉版本的《老子》和战国时期的《老子》,字句以至段落与今流行本有差别。这些差别,是研究老子必须关注的。比如《老子》的"大器晚成",马王堆本作"免"成。按《老子》原义及上下文"大音希声,大象无形"联系起来看,应"免成"更符合《老子》原义。魏晋时期王弼所注《老子》按"大器晚成"作注,"大器晚成"已在社会上流行了1000多年。

曹雪芹的《红楼梦》,生前只写完了前80回。高鹗后续40回,即今天流行的120回的世界名著。这一悲剧结构的小说,震惊了中国文坛,也震惊了世界文坛。有些研究者专家们指出后40回文学修养和语言文字运用比前80回逊色得多。红学家的研究成果斐然,有目共睹。《红楼梦》之所以成为文学史的丰碑,并不是只靠前80回,而是通行的120回本。《老子》的研究,也有类似的情况。

我的译本不是根据古本、善本，而是以社会流行广，影响大的王弼本为底本。战国时期的《老子》，汉初的《老子》的基本思想已定型、成熟。因为中国传统文化的经典著作，并不是那些善本、古本等稀见的版本，而是通行本。

哲学包罗万象，哲学的理论是高度抽象思维的精神产品，好像与现实生活不那么密切。但是越是高度抽象的哲学，它的根基却深深地扎在中华大地的泥土之中。

研究老子哲学，不能脱离中华大地，离不了中国的十三亿人民，也离不开全世界六十亿人民共存的现实世界。

为了适于不同读者的需要，书中《老子》原文和注释采用繁体汉字，每章的内容提要和译文则采用简体汉字。

作　者
二〇〇六年七月